出世する男はなぜセックスが上手いのか？

アダム徳永

幻冬舎新書
131

まえがき

私がセックスの研究に本格的に取り組んでから、約20年になります。研究の成果を世のために役立てようと、世界に類をみないセックススクールを六本木に開校したのが、約6年前のことです。

仕事柄、私は多くの男性のセクシャルな面に触れてきました。スクールを受講する男性はもちろんですが、女性の受講者からもこれまでお付き合いしてきた男性について、興味深いお話を聞く機会があります。

セックスを通じた密度の濃い人間観察の中で、私が辿《たど》りついたひとつの結論が、「出世する男は、セックスが上手《うま》い」ということです。

実は、私がスクールを開校して最初に気が付いたのは、想像以上に日本人男性はセックスが下手である、という事実でした。3年前に上梓《じょうし》した『スローセックス実践入門』（講談社新書）では、日本人男性のセックスの現状を〝幼稚園レベル〟と正直に書き過ぎて、各方面からお叱りの言葉を多数頂戴しましたが、本当にびっくりするくらいセックスが下手なのです。

スクールには、アダム徳永がどれほどのものか見てやろうと、〝自称〟テクニシャンの男性も道場破り感覚で訪れますが、私に言わせればほとんどはセックス初級者とドングリの背比べでしかない、お粗末なスキルでした。

信じたくないかも知れませんが、セックスの上手な男性は本当に一握りの存在です。感覚的には100人に1人いるかいないかです。そしてここからが大切なのですが、ほんの一握りの存在であるセックスの上手い男たちは、見事なまでにその全員が、ビジネスでも成功を収めていたのです。

＊

当初私はこの奇妙な一致を、昔からよく言われる〝英雄、色を好む〟というニュアンスで受け止めていました。

仕事のできる男性は何事に対しても精力旺盛なので、セックスに対しても好奇心が強く、さらに強者の吸引力が女性を引き寄せる。そうして得た豊富な経験値が、セックスのスキルアップにつながっているのだろうと。つまり、最初の時点では英雄（出世）を起点に考えていました。

ところがスクールを続けているうちに、予期していなかった現象が起こるようになりました。スローセックスを身につけた受講男性の中から、続々とビジネスの成功者が生まれ始めたのです。

「セックスが上手くなったら、急に仕事まで上手くいくようになりました！」

こんな喜びのメールや手紙が、頻々《ひんぴん》と届けられるのです。

この副産物は私に、「セックスが上手くなれば、ビジネスでも成功できる」という〝逆転のロジック〟を教えてくれました。

もちろんそれまでも、正しいセックスを学び、愛する女性に喜びを与えるということが、男性の人格形成にとって大いに有益であるということは十分に了解していました。

ただ、良くも悪くもお金儲けに興味のない私には、セックスをビジネスに結びつけるという発想がなかったのです。

一旦、セックスとビジネスが結びつくと、私の頭の中は、とても滑らかに整理されていきました。それまでは無意識でしたが、私が提唱するスローセックスの概念とその習得のプログラムは、精査すればするほど、ビジネスの成功に必要なすべての能力の育成に有効だったのです。

*

さて、本書ではじめて〝スローセックス〟という言葉に触れる方もいらっしゃると思います。スローセックスとは、射精や女性をイカせることを目的とせず、五感をフル活用して愛と性エネルギーを交流させ、〝感じる〟というセックスの本当の醍醐味《だいごみ》を、時間を忘れて堪能《たんのう》するセックスのことです。かみ砕いて言えば、愛し合う男女2人が快感を共有することで、快感の先にある幸福を得ることができる行為なのです。

一方で、今、日本人のほとんどが普通のセックスだと思っている行為は、イクことを目的とした男性本位の射精行動です。気持ちいいのは男性だけ。その気持ち良さにしても、せいぜい「ウッ」という程度の短絡的で低レベルな快感止まりです。

気持ち良くなれない女性からは当然のごとく不満が噴出し、仲を深めるはずのセックスが、トラブルやストレスの種になることもしばしばです。

私は、男性のこのように身勝手な、セックスとは呼べない行為を、〝ジャンクセックス〟と呼んで区別しています。

＊

男女2人がハッピーになれるスローセックスと、女性が心やカラダに傷を負うジャンクセックス。勘の良い読者の方ならば、この両者の関係が、ビジネス社会の勝者と敗者の構造と似ていることにもうお気付きでしょう。

自分だけが得をする、目先の利益だけを求める。こうした考え方ではたまさか一時的に利益を得ることがあったとしても、自分さえよければと考える限り、真の幸福を手にすることはできません。

自分も相手も利益を得られるＷＩＮ・ＷＩＮの関係性を長期間構築し、さらに自分が成長していくための努力を続けられるビジネスパーソンだけが、成功の先にある幸福を、生涯を通じて得ることができるのです。

多くの日本人は、これまでセックスを色モノ扱いしてきました。セックスは卑しいもの、汚らわしいもの、下品なものだと。実は、同様のことはビジネスの世界でも見られ、お金儲けに対して卑しいこと、下品なこととみる向きがあります。

セックスの研究に人生を捧《ささ》げる私は、多くの日本人男性が誰からも教わることのなかったセックスの本質を知っています。その私がはっきりと言えることは、セックスとビジネスはその本質的な部分で、密接にリンクしているということです。

本書では、ビジネスの世界でも使えるスローセックス習得のプログラムを、余すところなく開陳していきます。

本書のノウハウを実践するだけで、あなたはセックスが上手な男になるだけではなく、ひと皮もふた皮も剝《む》けた自分に生まれ変わることができます。ビジネスでも、今まででは想像もしなかったような成功を手にすることになるでしょう。

生まれ変わったあなたに訪れるのは、人生最大の「モテ期」です。これは私がお約束します。スクールで正しいスローセックステクニックを身につけた男性のほとんどが、その年齢や容姿、肩書にかかわらず、突然人が変わったように女性にモテはじめるのです。

セックスに対する自信や人間的成長が、魅力的なオーラとなって、全身からみなぎるようになるからです。その魅力は当然女性ばかりに働きかけるものではなく、上司や取引先などビジネス面での人間関係までもスムーズにしてくれるでしょう。

＊

私も一般的には中年世代と呼ばれる年齢になり、体力や精力の衰えは、日々感じます。けれども、本書をお読みいただければわかることですが、スローセックスに体力はほとんど必要ありません。むしろ体力まかせ、精力まかせのセックスこそ、女性の心とカラダにマッチしないジャンクセックスです。

数々の人生経験を積み、精神的に成熟した男性が身につけたスローセックスは最強なのです。ジャンクセックスという非常識な基準から一歩外に出るだけで、周りの景色が昨日までとは変わってきます。

ただ本書を読んだだけなのに、ある日突然、若くキレイな女性社員から熱いまなざしが向けられるようになっていることに、きっとあなたはビックリするでしょう。それは意外なことでも何でもなく、それこそが本当のあなたの魅力なのです。

過去を振り返らず、新しい自分をイメージしてお読みください。

アダム徳永

出世する男はなぜセックスが上手いのか?／目次

本文イラスト　岡村透子

読者特典

アダム徳永が実際にスローセックスしている動画を、本書の読者は無料でダウンロードできます。

本書をお買い上げいただいた方への限定サービスとして、著者自らが実践した南原香織とのスローセックスのDVD編集版を無料でダウンロードできます。「アダム徳永オフィシャルサイト」にアクセスのうえ、「無料動画ダウンロード」から「『出世する男はなぜセックスが上手いのか?』読者特典ページ」をクリックして、以下のユーザー名とパスワードを入力してください。尚、本書を購入していない方、及び18歳未満の方はご利用いただけませんのでご注意ください。(配信は2011年7月末日まで)

URL | http://www.adam-tokunaga.com/

ユーザー名 adam | パスワード 55494580

1章 出世する男とセックスが上手い男の共通項

テクニックやノウハウを過信しない

セックスが上手くなると、ビジネスでも成功することができます。それは、両者には勝者が持つ共通点があるからです。

では、セックスが上手い男とは、どのような男性のことを言うのでしょうか？　セックスが上手い男の定義をハッキリさせておかなければ、本書の読み方を間違ってしまいます。定義というと難しく感じるかもしれませんが、スポーツやゲームのルールのようなものだと考えてください。野球のルールを知らなければ試合には出られないように、セックスもルールを知らなければ、本当はする資格がないのです。

多くの人は、テクニックのある男性を「セックスが上手い男」だと思っています。これがそもそものボタンの掛け違いです。確かにテクニックは重要ですが、それはセックスで有利にことを運ぶための、ほんの一要素に過ぎません。何事においてもそうですが、セックスも上手と下手を分けるのは、総合力なのです。

もしも、セックス＝１００％テクニックである、と考える男性がいたとしたら、その人は間違いなく女性に嫌われると断言します。本来は総合力で臨むべきところがテクニックに偏ってしまえば、女性から〝下手〟の烙印《らくいん》を押されても文句は言えないでしょう。日本人男性がセックス下手な原因のひとつは、テクニックにこだわり過ぎるからなのです。テクニック至上主義とも言えるバランスの悪さが、ひいてはテクニックを伸ばす可能性さえ阻《はば》んでいることに、早く気が付いてください。

とは言え、テクニック至上主義に陥っている男性は、なかなか自分の過ちに気が付きにくいものです。そんな方のために、多くの男性がセックスの教科書のように思い込んでいるＡＶを引き合いに出しましょう。

ＡＶ男優のテクニックは、確かに一般男性より優れているようです。私はＡＶ女優の方とお話しする機会が多いのですが、１００人中90人以上が、「やっぱりテクニックがすごい」「これまで付き合ってきた普通の男性とは全然違う」と、テクニック面においては高く評価をします。

しかし、そんな彼女たちに、「じゃあ、あなたにとって一番気持ちいいセックスは？」と聞くと、１００人中１００人が、

「好きな人とする普通のセックス」

と答えるのです。

AV男優のテクニックを経験済みの彼女たちでさえ、こうなのです。女性が求めるいいセックスの条件の中でテクニックが占める割合は、男性が考えているよりもはるかに少ないのがおわかりでしょう。

私は、セックスの上手さのうちでテクニックが占める割合は、3割程度と考えています。残りの7割こそが重要で、それが本書で学んでいただく、セックスとビジネスを成功に導く能力でもあるのです。

感性が豊かで、小さなことに感動できる

さて、セックスが上手い男の定義が「テクニックのある男」でないのなら、何が定義になるのでしょう？

それは、ひと言で言えば「感性が豊かな男」です。

感性とは、かみ砕いて言うと「小さなことに感動できる力」のことです。大きなこと

には誰でも感動できます。大学入学のお祝いに親から車をプレゼントされれば、親不孝なドラ息子でも親のありがたみを知るはずです。もしも宝くじで2億円が当たったら、どんなに鈍感な人でもビックリするでしょう。

セックスでの「大きなこと」の代表選手が〝イク〟です。男性は、とかく〝イク〟にこだわります。「ねぇ、イッた？」「何回イッた？」と、女性に聞いた覚えはありませんか？　もしもそのとき女性から期待を裏切るような反応が返ってきたら、もう意気消沈です。

AVの影響で、最近では〝潮吹き〟も大きなことの仲間入りをしました。けれども現実的に、潮を吹ける一般女性はそういません。なのに一生懸命Gスポットを刺激して、それでも彼女が潮を吹かないと、男性はがっかりしてしまいます。

楽しいはずのセックスで思うように楽しめないことを、男性の多くは、自分のテクニック不足や、相手の女性の感度の問題にすり替えたりしますが、それは見当違いです。大きなものに感動の照準を合わせているので、小さな喜びに気付くチャンスを見逃しているだけなのです。

一方で、「小さなこと」に感動の照準が合っている男性、つまり感性の豊かな男性は、愛する女性と一緒にいられるというだけで感動します。キスした時の女性の唇の柔らかさに感動し、女性の口からもれる微《かす》かな吐息に心を震わせることができます。このような小さな喜びの積み重ねで、さらに感性は研ぎ澄まされていくのです。

こうした喜びが、人間を前に進ませるための大きな推進力・原動力になるのです。喜びがあるから、また頑張って努力しようというヤル気が起きます。そしてまた喜べる。この繰り返しが、好循環を発生させます。これが成功を引き寄せるのです。

セックスしかり、ビジネスしかり、成功をつかむためには、小さなことに「喜ぶ力」が、絶対に不可欠なのです。

私は、「俳句を一句詠むような気持ちで、キスを楽しみましょう」とよく言います。蛙が池にポチャンと飛び込んだ、お寺の鐘がゴーンとなった。普通の人は何も感じないかもしれないけれど、松尾芭蕉や小林一茶は、その小さなことに風流を感じ取ったのです。日本人は、このように優れた感性を持っているのです。

毎日次から次に楽しいことが起こる仕事などありません。いずれ成功するにしても、その過程のほとんどは、地道な作業の連続です。何の変哲もないような日々に、小さな喜びを見出《みいだ》していく感性がなければ、ビジネスを拡大していくことも、愛を育《はぐく》んでいくことも叶《かな》わないのです。

スローセックスでは、「イクことにこだわらず、感じることを楽しみましょう」と教えています。射精や絶頂というわかりやすい快感（大きなこと）ではなく、長く深く感じること（小さなこと）に目的をシフトすることで、セックスはドラスティックに変わります。

スキルアップに時間とお金と労力を費やす

感性を磨くためには、まず、セックスに対する意識から変えていかなければいけません。

多くの人が、神聖で崇高な行為であるセックスを卑しいこと、恥ずかしいこと、低俗なことと考えて、自分の性と真正面から向き合うことを避けてしまっています。

性欲は本能です。誰も性欲と自分を切り離すことなどできません。性と向き合わないということは、自分ときちんと向き合っていないということです。それでは、自分という人間を芯《しん》から理解することはできません。多くの人が、自分という人間が持っている本質的欲求を知らないまま生きています。だから自分を満たす方法もわからないのです。

そもそも、たいていの人はセックスを甘く考えています。ある程度の年齢に達すれば、誰でもできることのように思っています。そして、最初は下手でも、場数を踏めば自然に上達できると信じて疑いません。

これが間違いなのです。スクールには、20代から60代まで幅広い年齢層の男性が訪れますが、若い男性と中高年の男性のセックススキルにほとんど差はありません。中高年にはちょっと耳の痛い話かもしれませんが、これが現実です。

このような状況にあるのも、男性がセックスを侮《あなど》っているからです。普通、仕事でもスポーツでも、スキルアップするためには、勉強とトレーニングが不可欠です。上達しようと思ったら、時間とお金と労力がかかるのは、セックスでも同じことなのです。

けれども、セックスは相手さえいれば、ろくな知識や技術がなくてもできてしまいます。このことが、男性を勘違いさせているのです。

セックスは「秘め事」と言われるように閉じた世界ですので、上司やコーチもいません。どんなに下手くそでも「ちゃんと練習しろ！」と叱ってくれる人がいないのです。これでは、ゴルフの打ちっぱなしに行ったこともないのに、いきなりコースに出るようなものです。女性たちから不満の声が続出するのも無理のない話でしょう。

ところが、セックスを侮っている男性は、過ちが自らにあることさえ気付きません。セックスが下手な男性ほど、満足のいくセックスができないことを女性のせいにするのです。これは、仕事や人生で満足のいく結果を残せないことを、自分の生い立ちや、時代や、環境のせいにする精神構造とまったく同じです。原因はすべて自分の中にある、という考え方ができない人には、それなり以下の人生しか待っていません。

セックスの上手い男性が驚くほど少ない現実の裏には、確かに、セックスをまじめに語ることをタブーとする風土や、正しいセックスを教える先生や教材がなかったことなど、外的要因は様々あるでしょう。

とは言え、セックスがどれほど男性にとって大切なものかは、仕事がどれほど男の人生に喜びを与えるものであるかと同様、誰かに教わったからといって身に付く価値観ではありません。苦しみの中から、自分で導き出し、辿りつくしかないのです。

草食系ではなく肉食系である

今やセックスレスは、中高年カップルの専売特許ではなく、若年カップルの間にも急速に魔の手を伸ばしています。10年ほど前から、私の周りにも、セックスにあまり興味のない若い男性が増えてきました。

そしてついに、「草食系男子」などという言葉まで生まれました。優しくて、恋愛やセックスに消極的なタイプの男性、という意味だそうです。

余談ですが、草食動物の性欲が弱いかと言えば決してそんなことはありません。中でも、あの可愛らしいウサギの性欲は半端ではありません。一年中発情しています。「プレイボーイ」のシンボルマークがウサギなのは、そのためです。

草食系男子という新語によって、問題の本質にフィルターがかかってしまうことは、かつて援助交際という言葉が、女子中高生と買い手の男性に売春行為の罪悪感を希薄化させたことを彷彿《ほうふつ》とさせます。

私は、男性たちが草食系になることも、女性たちが草食系男子を受け入れてしまうことにも大反対です。

草食系とは、要するに男性の中性化を指し示しているわけですが、女性と対照の存在である男性が中性化すると、男性と女性が引き合う力が弱くなってしまいます。それは、単に恋愛やセックスにおける不都合な事態というだけではなく、人間の生きるエネルギーが少なくなっていくことに直結します。

生きるエネルギーの源は、喜びです。では喜びの源は何かと言えば、それは欲望です。欲望が大きいほど喜びは大きいのです。口に出すか出さないかは別として、成功者は必ず大きな欲望を持っています。欲望が大きいから、それを達成した時の大きな喜びというご褒美のために、全身全霊をかけて目標に向かっていくことができるのです。

しかし今、草食系男子なる言葉が象徴するように、欲望をむき出しにしてガツガツと頑張ることが、ダサいとかカッコ悪いことのような、冷めた空気が日本を覆っているように思えます。修行僧が「空」や「無」の境地に至るのなら話は別ですが、何も悟ってはいないのに何かを悟ったかのようなポーズをとることの方が、ダサくてカッコ悪いことなのです。

そもそも人間の欲望とは、弱くなったり、薄まったり、ましてやなくなったりするものではありません。心の中にはちゃんと欲望があります。恋愛やセックスに消極的な草食系男子は、欲望が弱いのではなく、ただ自分が傷つくことを恐れて、欲望を封印しているだけなのではないでしょうか。

心から肉食系男子の復興を望みます。

利他的精神に貫かれている

男の人生におけるセックスの重要性を多少なりともおわかりいただけたところで、セックスの上手い男、つまり感性の豊かな人間になる方法について、話を進めましょう。ひとつの例として、私が生きていく上で心がけてきたことを、皆さんにお話ししたいと思います。

私は中学生の頃から、「人の役に立つ仕事がしたい」とずっと思っていました。なぜそのようなことを思いついたのか、今となっては自分でもよくわかりません。保険の外交員をしていた父親の背中を見て何かを感じたのか、はたまた本の虫だったので何かの本の影響か、うまく説明できないのですが、とにかくその思いは、大人になってからの仕事選びの基準になりました。

最初は、絵を描くことが得意だったので、絵で人に感動を与えられるような画家になりたいと思いました。しばらく頑張ってみたものの、自分に画家になる資質がないとわかってからは、絵本作家になって児童教育の分野で貢献することを考えました。渡米経験を生かして、日本人が苦手とする英語教育の世界で生きていこうと本気で取り組んだこともありました。そんな紆余曲折《うよきょくせつ》の末にたどり着いたのが、今の仕事です。

社会貢献などといった大それたことを、人生のテーマに掲げていたわけではありません。自分の才能が人の役に立つことほど大きな喜びはないという、自己実現を叶えるために、様々なことにチャレンジしてきたというだけの話です。

色々な仕事をしてきましたが、常に私の中にあった最低限の目標は、クライアントの期待に対して誠心誠意応《こた》えるということでした。

元々完璧主義者という性分もありますが、今、振り返ってみて、「期待に応える生き方」を続けてきたことは、私にとって大きな財産になっています。期待に応えようとすることで、技術が磨けたし、新しい知識を吸収することができたし、タフになれました。「期待に応える」の反対が、「適当にこなす」です。適当にこなしても、何とかなるケースもたくさんあります。手を抜いてやった仕事が、思った以上に評価されることもあります。

適当にやろうと思えば、いくらでも適当にできてしまうのです。しかしそれでは、必要な技術を身に付けることもできませんし、いつか必ず信頼を失います。その時になって、ちゃんとやっていれば、と悔いても遅いのです。

スクールの受講生からは、よくこんな質問を受けます。

「時間がない時は、どこの愛撫を省けばいいですか？」

女性を愛するために、わざわざお金を払ってセックスの勉強をしている男性の口から、こんな言葉が飛び出してくることに、私は正直呆《あき》れます。それくらい、日本人の男性のセックスに対する意識が低いということでしょう。

セックスをする時に、男性が意識しなければいけないのは、女性の期待に応えるということです。利他的な心がなければ、女性が何を求めているのかがわかる日は来ないでしょう。セックスの上手い男には永遠になれないのです。

これは仕事でも同じです。期待に応えようとする意識がなければ、会社が何を求めているのか？　顧客が何を求めているのか？　社会が何を求めているのか？　ということがわかりません。それでは出世など夢のまた夢でしょう。

よく「自分は正しく評価されていない」と愚痴をこぼす人がいますが、評価されないのは、相手の期待に応えるという最低限の責任を果たしていないからではないでしょうか。成功のためにまず取り組まなければならないのは、目の前の相手を喜ばせることに全力を注ぐことです。それがなくして、次の階段は現れてくれません。

常に相手のいいところを探している

相手を喜ばせる能力の中でも、とても重要なのが「褒める」力です。褒められて嫌な人はいないとよく言われますが、皆さんご存知の通り、「褒める」行為は実に難しい。褒めるにも技術が必要なのです。

自分の利益のために相手を褒めるのが、一番まずい褒め方です。女性をおだてて口説くことが目的だとか、商談を成立させるために取引先を褒めるといった類《たぐい》のことです。利己的な動機を、人間の直感は見逃しません。褒めたつもりが、逆に相手の印象を悪くすることもあります。相手を喜ばせたいという純粋な気持ちがあることが大前提です。

褒めることに限らず、相手を喜ばせることとの基本は、見返りを求めないことです。親は子供を育てるときに、見返りなど求めません。無償の愛を注ぐから、子供は親を信頼し、尊敬し、親から受けた愛情を返そうとするのです。

無償の愛というと、少し大仰に感じるかもしれませんので、もう少し別な言い方を探せば、相手に感動を伝えるということです。

例えば女性を褒めるとき、口先だけで「キミ、可愛いね」というのと、その女性の肌の白さに感動して「本当に肌が白くてキレイだね」というのでは、相手の受け取り方がまったく違ってきます。こちらが本当に感動していることが伝われば、相手はそれだけで嬉しくなるのです。

気の利いた文学的な言葉が思いつかなくても、言葉にはできない気持ちが伝われば、相手を本当に喜ばせることにつながるはずです。

私も、人を褒めることは、常に心掛けて実践しています。しかしその分、失敗も数々あります。

つい最近も、レストランのレジ係の女性に対して大変な粗相をしてしまいました。彼女は推定Hカップはありそうな、大きくて素敵な胸の持ち主でした。私は感動のあまり、つい「ウワー、大きな胸ですねぇ」と、思ったことをそのまま言葉にしてしまったのです。

その瞬間、彼女は憎悪の目で私をにらみつけました。たぶん彼女にとって大きなバストはコンプレックスだったのでしょう。今でも彼女のことを思い出すたびに、顔から火が出るくらい恥ずかしくなります。

開き直るつもりはありませんが、褒めるという行為は、かくも難しいのです。上級者になるためには、経験を積んで、研鑽《けんさん》していくしかありません。

褒めの技術を磨く実践は、同時に、他の能力のスキルアップにもつながります。まず、社交性が身に付いていきます。褒めるポイントや、話しかけるタイミングをつかむためには、相手を注意深く見ることが大切ですから、観察力や洞察力、空気を読む力も備わってきます。また、感動を伝えるためには、その前に感動する力がなければいけません。すなわち、褒めることは、感性を研ぎ澄ますトレーニングにもなるのです。

私と同じような失敗をすることがあるかもしれませんが、失敗を恐れず、そして自分のためにではなく、相手を喜ばせるためであるという大前提を忘れずに、褒めて褒めて褒めまくりましょう。

欲望をコントロールできる

私のスクールでスローセックスを習得した男性たちは、セックスに対する自信によって、人が変わったようにモテるようになります。

Kさん（35歳・運送業）も、過去最高の「モテ期」に突入したひとりでした。彼はスクールで身に付けたテクニックにさらに磨きを掛けようと、風俗店で自主トレを続けていた熱心な生徒でした。その彼から、こんな話を聞きました。

「そのお店はソフトサービス店なのですが、プレイの最中に、女性の方から〝大人の関係〟を求めてくるんです。お店にバレるとまずいから、と断ると、携帯の連絡先を教えてくれとせがまれます。それも1人や2人じゃないんですよ」

彼は現在、4人の風俗嬢とお付き合いをしていて、会うたびに、「先生、体がいくつあっても足りませんよ！」と、嬉しい悲鳴をあげています。彼は、スローセックステクニックを完全にマスターしている優秀な男性ですので、そのテクニックを味わった女性の方から積極的なアプローチがあっても不思議ではありません。

一方で、テクニックは完璧でも、Kさんのように上手くいかない男性もいます。Yさん（37歳・医療）は、私からKさんの武勇伝を聞くと、「そんな美味《おい》しい思いができるなら、僕もやってみます」と、喜び勇んで風俗店通いを始めました。が、結果は撃沈。「携帯電話の番号を教えてもらって、外で会う約束まではOKなんですが、約束の場所に行っても女性が現れないんですよ。2カ月で、6人にすっぽかされました」

テクニック的には遜色《そんしょく》のない2人なのに、明暗がくっきりと分かれたのはなぜだと思いますか？

Kさんが上手くいったのは、女性と〝大人の関係〟になることをまったく目的としていなかったからです。テクニックの練磨という目的があるので、自分が楽しむためではなく、女性を喜ばせることを最大のテーマとして愛撫を続けたことが、女性の心に響いたのです。

出会いの場所が風俗店の一室であったとしても、男性本位のジャンクセックスしか経験したことがない女性にとって、スローセックスの洗礼は強烈だったに違いありません。「こんな男性に抱かれてみたい」と、彼女たちが心から思ったことは、決して奇跡でも偶然でもなく、必然だったと想像します。

対してYさんは、最初から風俗店で働く女性とセックスをすることが目的でした。初めから動機が不純なのです。どれほどスローセックスのテクニックが完璧だとしても、気持ちが自分本位のままでは、その行為はジャンクセックスと変わりありません。女性の心に響かないのは当然といえます。

素敵な女性がいれば、セックスをしたいと思うのは男性にとって当たり前の欲求です。その欲求を叶えるには、いかに女性を喜ばせ、心を開いてもらうかが大切なのです。

モテる男性は、このことが無意識にできています。これは、自己管理や利他的な精神に通じる、成功する人と失敗する人の大きな違いです。無意識にできるようになるまでには時間がかかりますが、まずは、意識して自分の欲望をコントロールするところから始めてみてください。

地道にコツコツ努力を続ける

ビジネス本や成功ノウハウ本を読んでいると、成功者と一般人では、時間に対する価値観が根本的に違うことに気付きます。成功者が書いた著書を読んでみると、彼らは、私などとてもマネできないと感心するほど、時間を大切にしています。

「移動中や、待ち合わせで顧客の到着を待っている間といった、すき間時間を読書の時間に当てる」といったノウハウは典型的なものですが、成功者に共通するのは〝時間は有限である〟という本質を徹底的に理解しているということです。

お金は使ってなくなったとしても、また頑張って働けば稼ぐことができます。しかし、時間はお金のように貯めたり取り戻したりすることはできないのです。だから彼らは、お金よりも時間を大切に考えています。やる気が起きないからと、一日中ぼーっとテレビを見て過ごした時間は、二度と帰ってきません。楽なことに逃げて、怠惰《たいだ》な生活を送る限り、成功はどんどん離れていくのです。

自分の性格に合った、有効な時間活用術を構築していかなければいけません。というと、とても難しいことのように聞こえるかもしれませんが、実は、意識さえ変えれば、それほど難しいことではないのです。

こんな事例を紹介しましょう。アダムタッチというフィンガーテクニック（4章）の習得を目指していたSさん（32歳・自営）の話です。

「習い始めた頃は、アダムタッチがなかなか上手くいきませんでした。自己流の愛撫が強かったせいで、どうしてもタッチ圧が強くなってしまうんです。そこで、先生の、『女性は男性にとってとても大切なものだから、1億円のツボを触るようなつもりでそっと触れてくださいね』

というアドバイスをヒントに、日常生活の中で物に触れる時に、それを女性だと思って優しく触ることにしたんです。

コップをそっとつかむとか、ドアを閉める時も、バタンという音を立てないようにゆっくり閉める、などを続けていくうちに、あるとき、急に、アダムタッチが上手くできるようになったのです。彼女の反応が今までのセックスとは比べものにならないほど良くなったんです。そのとき、自分が今までどれほど女性の体をガサツに触っていたかがわかりました」

彼の場合、しっかりと目的意識を持つことで、日常生活の何気ない時間がセックステクニックのトレーニングの時間に変わったのです。

成功と言うと一発大逆転のようなイメージを持たれている方は少なくないと思いますが、成功までの過程とは、地味な時間の積み重ねです。自分が用意した課題と地道にコツコツ向き合うことが、成功のための準備になるのです。

スポーツ選手の試合前の会見では、「いい準備ができたと思います」という言葉をよく耳にします。一流選手ほど、地味なトレーニングの積み重ねがどれほど大切なことかがわかっています。トレーニングとは、基本的に退屈なものです。それをいかに楽しむかを考えるのが、頭の使いどころだと言えます。

2章 ビジネスとセックスはイコールである

威張るだけの上司＝自称テクニシャン

セックススクールを6年間も続けていると、〝自称〟テクニシャンなる男性たちにたびたび遭遇します。しかし、実際に見せてもらうと、そういう男性のテクニックは単なる独りよがりであることがほとんどです。

なぜ、自分をテクニシャンだと勘違いしている男性が多いのか？　それは、男性には〝たった一度の成功パターンを繰り返す〟という愚かな習性があるためです。

例えばある男性が、ＡＶ男優の見よう見まねでＧスポット愛撫を試したとします。実際はお粗末なテクニックだったとしても、たまたま相手の女性が優秀な感度の持ち主の場合、稀《まれ》にですが潮を吹くこともあります。するとこの男性は、自分のテクニックが正しいと思い込んでしまうのです。

始末の悪いことに、たまたま起こった偶然を真理だと錯覚して、間違いテクニックを延々と続けることになります。別の女性がどんなに「痛い」と訴えても、「自分は間違っていない。潮を吹かない女性のカラダの方に問題があるんだ」と、自分の間違いに気付こうともしません。

知将として知られる野村克也氏（現・楽天イーグルス監督）の言葉に、

「勝ちに不思議の勝ちあり、負けに不思議の負けなし」

というものがあります。長く野球をやっていると、相手のミスや幸運によって、気が付いたら勝っていたという不思議な勝ち方を経験することがある。けれども、その逆はない。負けるときには必ず自らに理由があるのだというお話です。

この、信念と経験則に基づく指摘に、私は強く共感します。セックスにもまったく同じことが言えるからです。同じテクニックでも、面白いように感じてくれる超敏感体質の女性もいれば、うんともすんとも反応の返ってこない女性もいます。思った以上に女性が感じてくれたからといって自惚《うぬぼ》れてはいけませんし、期待通りの反応が返ってこなかったからといって落ち込むことも間違いです。経験を元に、自分を日々進化させていくことのできる人だけが、成功を手にすることができるのです。

私の著書の愛読者の方であればお気付きかも知れませんが、スローセックステクニックも、日々進歩をしています。例えば、数年前までアダムタッチは手のひらを女性の肌から「4センチ」浮かせると書いていましたが、現在は「2センチ」に変わっています。4センチよりも2センチの方が、より滑らかな動きになるとわかったからです。

Tスポットの愛撫法（4章）も、「できる限り高速で指を前後させる」から、「6、7分の速度でゆったりと」と、かなり変化しました。これは、女性に与えるインパクトが想像以上に大きいことがわかってきたからです。

自称テクニシャンの男性からいつまでも〝自称〟がとれないのは、進歩がないからです。一方で、自称テクニシャンの人がばかにしている女性経験の浅い男性は、スクールに来ると、それはもう目覚ましい進歩を遂げます。素直だから吸収力がものすごく高く、あっという間に自称テクニシャンを追い越してしまうのです。

ビジネスの世界に置き換えると、自称テクニシャンは、威張っているだけの上司と同じです。部下を見下し、いつまでも自分のやり方を周囲に押し付けようとする。これでは自分が進歩しないばかりか、周囲の信頼も得られません。単なる煙たい存在として、組織のリーダーになるどころか、チームの和を乱してしまうのです。

セックスが上手い男にあって、自称テクニシャンにないもの。それは素直さです。

トップセールスマン＝見返りを求めないセックス

1章で、セックスの上手い男は、利他的な男であると述べました。これは観念論ではありません。実際問題として、同じテクニックでもこちらの気持ちが違うと、女性が感じる気持ち良さがまったく別物になるのです。

例えば、女性に気持ち良くなって欲しいと心の底から思いながらするクンニと、「クンニしてあげるから、その代わりに、後でオレにもいっぱいフェラチオしてくれよ」と思ってするクンニとでは、まったく違います。

女性は、見返りを求められる愛には、本当の愛を感じられないのです。目に見えるものしか信じられない方は、心の中で思っていることが相手にわかるわけがない、と訝《いぶか》しがられるかもしれません。けれども女性には本当にわかります。それは、人間には相手の〝気〟を感じる能力が備わっているからです。

こんな話をしましょう。男性にフェラチオをする時、女性は男性に本当に愛されていることを知ると、喜んでペニスをしゃぶります。中には、「ああ美味しい、気持ちいい」

と言いながらフェラチオに夢中になる女性がいます。なぜなら、セックスで興奮したペニスは、メラメラと気を発しています。それを女性が受信することで、愛する気持ちや性的興奮が増大するからです。信じるも信じないも自由ですが、気の話に限らず、目に見えるものしか信じられない人は、絶対に成功できないということだけは、断言しておきます。

ビジネスの世界でも、見返りを求めないことが成功のカギを握ります。「見返りを求めないで、どうやって儲けるんだ？」という方は、ビジネスの本質を理解されていません。

見返りを求めないとは、お客様本位のビジネスをするということです。商品のセールスでも、相手にとってメリットがない商品だとわかれば、たとえ買う気があっても売らないぐらいの心構えが必要です。一瞬は損のように思うかもしれません。しかし、相手が本当に欲しい商品、喜ぶサービスは何なのかを知ろうとする努力が、より多くの人の求めている商品の開発につながり、利益をもたらすことになるのです。

セックスもそうです。射精という目先の快楽に走る限り、女性の性感を育てることはできません。それでは、女性の喜ぶ姿を見ることが自分の喜びであるという、男性のセックスの本質的欲望を知ることも、満たされることもないまま、一生を終えることになってしまうでしょう。成功は、見返りを求めない愛の先にあるのです。

負け戦に学ぶ謙虚さ＝女性への謙虚さ

ビジネスでもセックスでも、自信を持つのは悪いことではありません。しかし、自信は往々にして、成長の妨げになります。自分はすごい、人よりも偉いなどと得意満面になった瞬間に、人の意見が耳に入らなくなってしまうからです。

人間の知恵や知識とは、自分で考えて見つけた答えよりも、圧倒的に、他者の言葉から学ぶことの方が多いのです。他者の行動や経験談の中にこそ、生きた知恵、すぐに使える知識がたくさんあります。

自信よりも大切なことは謙虚さです。かの哲学者ソクラテスは〝無知の知〟を説きましたが、世の中には、自分が知らないことがまだたくさんあります。たとえ、何かの分野で人より優れた才能を持っていたとしても、その才能を武器として成功をつかむためには、得意分野以外にもあらゆることから知識を吸収して、人間の幹を太くしていかなければなりません。裸の王様になってはいけないのです。

天才と謳《うた》われる武豊《たけゆたか》騎手は、2007年に3000勝を達成した時に、

「勝てなかった馬にも多くのことを教わりました」

とコメントしています。私は競馬をしませんが、まさか馬が、「武さん、〇〇した方が勝率あがりますよ」などと教えてくれるわけではないでしょう。すべてのことから学ぼうとする謙虚な気持ちで、常にアンテナを張っているから、負けたレースでもヒントやアイデア、または自分への課題をつかむことができるのです。

〝小宇宙〟とも言われる神秘の肉体の持ち主である女性たちからは、学ぶことが山ほどあります。私たち男性は、女性のことをほとんど知らないと自覚する謙虚さが大切です。

インターネットで募集した一般女性モニターに、私とのスローセックスを体験してもらい、後日、体験レポートを提出してもらうという試みを、つい先日まで約2年間かけて実施しました。

自戒を込めて書きますが、私はこれまで1000人以上の女性たちとセックスしてき

たこともあり、女性のことはかなりわかっているつもりでいました。しかし、モニター女性から寄せられたレポートには、私が気付いていなかった女性の本音が詰まっていたのです。

具体的な内容については、すでに『スローセックス・レポート』（マガジンハウス）という形でまとめましたのでここでは省きますが、この試みで私が実感したのは、いかに私が「こうすれば女性は喜ぶだろう」という思い込みに頼っていたかということです。一般男性よりははるかに、女性に対する気配り、心配り、目配りを心掛けてきたつもりの私でさえそうなのです。

自信過剰になって天狗になると人から嫌われます。誰もその人に何かを教えてあげようなどとは思わないでしょう。大きな損失です。よく、お酒が入って気持ち良くなってくると、自分の自慢話を始める人がいます。オレは何人の女とヤッたとか、こう見えても3年前に営業成績でトップになったことがあるといった類《たぐい》です。

他人の自慢話を聞くほど退屈な時間はありません。あなたの自慢話が長引くほど、他者からの意見を聞く貴重な時間が短くなっているのです。それに、過去の自慢を得意げにひけらかすほど、周囲からは「ああ、その程度の成果で喜ぶ人なのね」と、軽く見られてしまうのです。

自慢話をすることには、何の得もありません。まだまだ自分は未熟であるという謙虚な気持ちがなければ、ビジネススキルもセックススキルも伸びないのです。自分のスキルアップに蓋をするような過剰な自信は、今すぐごみ箱に捨ててください。

腕利きのインタビュアー＝居心地のよい男

顧客の心を開くにも、女性の心を開くにも、コミュニケーションは重要です。コミュニケーション能力の高い人とは、話の上手い人のことを指すように思われがちですが、ここに落とし穴があります。

話すことが好きな人は、相手が話している間も、「次は何をしゃべろうか？」と考えています。それでは相手の話が耳に入ってこないのです。話す動物である人間の感覚を侮ってはいけません。会話のちぐはぐ感を、相手は瞬時にキャッチします。「ああ、この人は、私のことよりも自分に興味があるんだな」という判断を下し、心を閉じるのです。

「聞く」ことも、大切なコミュニケーションの技術です。私は、よくインタビューを受けますが、聞くことが仕事であるライターや編集者といった方でも、上手な人もいれば下手な人もいます。

下手な人に共通するのは、事前に用意してきた質問を自分が考えた順番通りにする、というパターンです。そういう人は私がしゃべっている間も、メモを取ることに気がとられているのか視線が合うこともなく、話が横道に逸《そ》れない代わりに、弾みもしません。

一方で、上手な人はインタビューの間、ほとんどずっと私と視線が絡み合っています。そして、私が直前に話したことを受けて、次の質問をその場で考えてくれるのです。

きちんと話を聞いてもらっていることがわかると、会話のキャッチボールもだんだん熱が入ってきます。そのため私など、話がどんどん横道に逸れていくこともあるのですが、私の話の腰を折らずに、その日のテーマに軌道修正してくれるのも、上手な人の特徴です。自然と話の内容も深く濃くなっていきますし、私も充実感を覚えることができます。

以前、聞き上手のライターの方に、インタビューの心得を聞いたことがあります。彼は、こう話してくれました。

「いかに的を射た質問をするかということよりも、いかにこちらが聞いていないこととまで話してもらえる雰囲気を作るかのほうが、大切だし難しいですね。取材現場で、何よりも心掛けているのは、まずボクという人間に好意を持ってもらうことです」

真剣に人の話を聞く態度は、相手の心を開く近道です。おしゃべりが大好きな女性とのコミュニケーションでは、話すことよりも、むしろ、聞くことのほうが大切なのです。ですから、女性と話すことが苦手という人も、自分にはコミュニケーション能力がないとあきらめる必要はまったくありません。聞き役に徹する、と心掛けるだけでも、コミュニケーション能力はグンと上がります。

セックスの上手い男は、皆さん聞き上手です。聞き上手は相手の要望を無理やり聞きだそうとはしません。彼らが巧みなのは、相手が話しやすい雰囲気を作ることです。奥ゆかしき日本女性は、本当にイッたかどうかなど話してくれませんし、ましてや自分からセックスの要望をしてくれることなど、あまりないでしょう。

話しやすい雰囲気を作る秘訣は、まず男性の方から自分の心を裸にすることです。こんな話をしたら笑われそう、恥ずかしい、そんな自分の恥部をさらけ出すのです。過去のセックスの失敗談や、アブノーマルな性癖（もちろん限度はありますが）を、男性がカミングアウトすると、女性の心はずいぶん楽になるものです。

女性が顔を赤くして、ポツリポツリと自分の話をし始めたら、真剣に耳を傾けましょう。聞くという態度で、どれほどあなたが女性に興味と好意を持っているかを伝えましょう。

おしゃべり好きだけれど、実は言いたくても言えないことを心の金庫にたくさんしまっている女性から、本音を聞き出せるようになれば、あなたはビジネスシーンでも一流の聞き上手になることができるはずです。

部内マネジメント＝ベッドでのシナリオ作り

セックスの上手い男は、シナリオ作りが巧みです。セックスのシナリオ作りという言葉は初めて聞かれる人も多いと思いますが、要は、映画の脚本だと思ってください。名作と呼ばれるような優れた映画は、基本である起承転結がしっかりしています。

反対に、起承転結のない典型が、小学生の書いた作文です。

朝起きました。朝ごはんを食べました。おかずは納豆と目玉焼きでした。僕は納豆が嫌いなので、残したら、お母さんに怒られました。僕は怒られるのが嫌いです。お父さんはまだ寝ていました。そして歯を磨きました。それから学校に行きました。休み時間に友達のゆうすけ君と、遊びました。とても楽しかったです……。

こんな感じで、ダラダラと文章が続きます。つかみもなければ、起承転結もなく、どこに話のポイントがあるのかもわかりません。読んでいて飽きてしまいます。

実は、多くの男性がやっているセックスは、こんな感じなのです。

キスしました。オッパイを触りました。乳首を舐《な》めて、クリトリスを触りました。すると、彼女がちょっと気持ち良さそうな顔をしました。僕は気分が良くなってきました。そして挿入しました。もっと気持ち良くなって、イッてしまいました。とても楽しかったです……。

少々恣意《しい》的な書き方をしたことは認めますが、実際問題として、多くの人は小学生の作文レベルのことしかやっていないのです。

男性が描くシナリオの稚拙さを、何より感じているのが女性たちです。先の読めるセックスほど、女性にとって退屈なものはありません。少しでも無駄な時間を短くしようと、女性がイッたフリをするのはこんなときです。キスしてクリトリスを触って挿入して出すことが、セックスの起承転結ではないのだと、肝に銘じなければなりません。

セックスのシナリオ作りにおいて最初に考えなければならないのは、見せ場や山場をいくつ用意して、どこに配置するかです。

例えばアクション映画では、最後に派手なアクションシーンを持ってきます。しかし、どれほど最後のアクションが素晴らしくても、途中にたいした見せ場がなければ、2時間という長い時間は持ちません。2時間全部がアクションだと、それはそれで疲れてしまいます。最初に、あっと思わせるアクションがあり、静かな中での心理劇があり、アクションがあり、また静かな中で伏線を張り、という繰り返しの中で観客の集中力を高めて、最後に最大のアクションで華々しく爽快に幕を閉じるのが、アクション映画の王道でしょう。

セックスの山場作りにおける重要なポイントは、女性の〝快感レベル〟に照準を絞るということです。

私は、起承転結の〝起〟であるキスをとても大切にします。とにかくセックスの導入部では、超ソフトなキスを心掛けています。超ソフトなキスによって感覚が敏感になるので、唇と唇が軽く触れ合うだけでも、女性はカラダに電気が走るような快感を覚えることができるようになるからです。

これは、セックスの導入部だから起こせる現象です。Gスポット愛撫をして女性が声を限りに絶叫している状況で、超ソフトなキスをしても、導入部の時のような感覚は出てきません。絶叫、絶頂という快感レベルをクライマックスとするのなら、その領域にどういう道のり、つまり快感レベルの起伏で到達するかを考えることが大切なのです。

それが、セックスのシナリオ作りの基本です。

シナリオ作りとは、つまりリーダーシップです。「この人にまかせておけば、楽しいセックスができる」と信頼するからこそ、女性は安心して身を任せることができるのです。

よく、リーダー職やマネージャー職に昇格すると、自分が会社やチームを引っ張っていかなくてはという意識が強くなり過ぎて、がむしゃらに仕事をする人がいます。心意気はよしですが、大抵失敗します。部下の仕事にいちいち注文をつけて、面倒くさい上司と思われたり、部下の仕事まで全部自分で背負い込んでしまったりして、ひとりでいっぱいいっぱいになって潰《つぶ》れてしまうからです。

組織をマネジメントする立場に立った時、一番重要な仕事は、目標達成までのシナリオ作りなのです。チーム全員が、そのやり方なら上手くいきそうだと納得できる仕事の進め方を示し、適材適所にメンバーをキャスティングすることです。女性も会社も、頼れるリーダーの登場を心待ちにしています。

一流の司会者＝ピンチに備えた代案の用意

どんなに完璧なシナリオを用意していたとしても、その通りに事が運ぶということはまずありません。ハプニングとトラブルの連続で、なかなか自分の思い通りにはいきません。だから、人生は面白い。

しかし、面白がっているだけではいけません。待ったなしで時計の針は動いています。求められるのは、予想外の事態に素早く対応できる能力です。事態を収拾するためには要領の良さや反射的な神経も必要ですが、もっとも大切なことは、どれだけ事前に代案を用意しているかです。要するに、引き出しの多さが求められているのです。

バラエティ番組の司会者として活躍する島田紳助さんは、お笑いという枠を超えて、日本でもトップレベルに頭のいい人だと思います。もちろん、生まれ持った反射神経もあるのでしょうが、目を見張るのは、その引き出しの多さです。

とにかく彼は、自分が司会を務める番組でしゃべりまくっていますが、同じようなツッコミをほとんどしません。〝型〟というものはあるにせよ、ワンパターンではなく、常に意外性に富んだ話術で楽しませてくれます。

私は彼のことをテレビで知るだけですが、猛烈な勉強家であることは容易に想像できます。恐らく間違っていないでしょう。引き出しの数を増やすためには、勉強するしかないからです。

引き出しを増やすためにとても大切なことは、幅広い知識を吸収することです。つまり、セックスの代案を用意するとは、セックスのテクニックだけを勉強することではないのです。

相手が身に付けている香水やアクセサリーの知識を増やせば、女性を褒める時の大きなアドバンテージになります。デートで楽しい時間を過ごすためには、インターネットでレストランの口コミ情報をチェックしておくというのも勉強のひとつです。相手がワイン好きなら、ワインに詳しくなることも必要でしょう。女性のカラダを大切に扱うためには、避妊や性感染症の知識など、医学的な知識も大切です。

自分の専門分野に詳しくなるだけでは、予想外のトラブルに耐えうる引き出しを増やすことはできないのです。何が起きるかわからないからこそ、あらゆることを学び吸収しようと常に心掛けて努力することが大切です。

島田紳助さんは60分の番組の中だけでも、恋愛のこと、美味しい食べ物のこと、お金のこと、そして政治や社会情勢に関する引き出しを開いて見せてくれます。その幅広い知識によって、彼が改めて示してくれるのは、「笑いは風刺と愛である」というお笑いの原理です。愛のない風刺は、ただ殺伐とした社会批判に過ぎません。

セックスもビジネスも、成功するために必要な基本原理は「利他的な愛」です。あなたを喜ばせるために私がいる。他者をどれほど愛せるかと考える具体策のひとつが、代案の用意なのです。

目標達成能力=絶頂まで粛々と行う愛撫

ビジネスで成功したいのなら、まずやるべきは、目標を立てることです。自分の好きなこと、やってみたいことを、自分の能力と相談しながら、なるべく明確にしていく作業がとても重要です。

目標が決まるまでは、たくさん悩んで、たくさん考えるべきです。けれども、いったん目標が定まったら、意識を180度切り替えて、悩んだり考えたりするのをやめましょう。

もちろん、仕事の進め方について考えたり、同僚との人間関係に悩むことはあるでしょう。そういう部分ではなく、自分の立てた目標が正しいか間違っているかといったことで迷わない、という意味です。

目標の達成には、自分を信じて、周囲の雑音に惑わされず、計画を推し進めていく力が求められます。私自身の経験則からも言えることですし、いろいろな成功者の著書を読んでも同じようなことが書いてありますが、平均して3年がひとつの目安になるようです。石の上にも3年、という言葉がありますが、やはり3年くらいはひとつのことをやり続けてみないと、仕事の要領もノウハウも身に付きません。

実はこの継続力の重要性は、性感帯の愛撫にも通じます。私の場合、女性の性的感受性をアップさせるために、最低でも40分かけて、全身を入念にアダムタッチしていきます。性感脳の開いている女性であれば、ほんの数分でセクシーな喘《あえ》ぎ声がもれてきます。

このように反応が素早くて大きいと、こちらも俄然《がぜん》ヤル気が湧いてくるのですが、女性によってはいつまで経《た》っても変化が起こらない人もいます。こんな時は、感じていないのか、感じているのに恥ずかしくて声が出せないだけなのかわからないため、正直なところ不安になることもあります。

それでも私は愛撫をやめることなどしません。自分のテクニックを信じて、最初に立てた予定通り、ただ粛々とアダムタッチを施します。本当に粛々と、です。すると、30

分が過ぎたころ、アフンと切ない喘ぎ声がもれてくるのです。このアフンがなんと可愛く思えることか。なぜなら、私が途中で自信をなくして愛撫をやめていたら、聞くことができなかったアフンなのですから。この経験がまた、次へのエネルギーになるのです。

クンニの時は、もっと粛々としています。クリトリスという性感帯の最大の特徴は、すべての性感帯の中でもっともイキやすいということです。ですから、一度クリトリスの愛撫をはじめたら、何があっても女性をイカせなければなりません。それが男の務めです。

私の舌は、ただひたすら粛々と、クリトリスの先端を優しいタッチで愛撫し続けます。男性の中には、バリエーションのつもりなのか、クリトリス以外の部分を舐める人がいますが、大間違いです。舌がクリトリス以外の部分に行くことは、クライマックスに向けて高みに上りつめていこうとする女性にしてみれば、余計な道草以外の何物でもありません。女性が絶頂をむかえるその時まで、舌先はクリトリスから一瞬たりとも離してはいけないのです。

自分で立てた目標には、ちゃんと腰を据えて、粛々と取り組まなければなりません。

それをしなければ、成果を残すことなどできないのです。

能なし給料泥棒＝責任回避の快感泥棒

男性には、女性を愛する責任があります。これは問答無用です。理屈抜きの男子の使命なのです。

けれども今、その責任を果たしていない男性があまりにも多過ぎます。というよりも、果たすべき責任を持っていない男性が多過ぎると言った方が、より正確なのかもしれません。

それは、言葉を選ばずに言えば、男性として未成熟であるということです。不甲斐ないのです。まったく大人の男として自立できていないということです。

仕事も同じです。居酒屋では給料日前ともなると、会社から頂戴する給料の額への文句や不満を肴にしている会社員をよく目にします。果たして彼らは、どれほど仕事に責任を持っているのでしょうか？

仕事に対する責任をしっかりと持っている人は、それが組織に属している人でも、経営者でも、フリーランサーでも、給料に関しての不満は口にしません。

ひとつには、ギャランティとは、自分の能力と時間への報酬であることをきちんと理解しているからです。ただ会社に就職すれば、ただ毎日会社に顔を出していさえすれば、自動的にお給料が振り込まれるとは考えていないのです。

ふたつめとして、自分の仕事に責任を持っている人は、その責任を果たしているか果たせていないかが、自分の中での大きな判断基準になります。責任を果たしていれば、そのことが自分の喜びとなるのです。そして、言わずもがなの話ですが、責任感を持って仕事に取り組んでいる人は、必ず周囲から評価されてより大きな仕事を与えられるのです。

「下足番を命じられたら、日本一の下足番になってみろ。そうしたら、誰も君を下足番にはしておかぬ」

と言ったのは、阪急電鉄の創始者、小林一三《こばやしいちぞう》氏です。

自分の好きなこと、やりたいことが仕事にできる人は、多くありません。まず、目の前にある自分の仕事に責任を持つことだけが、男が一生をかけて取り組みたいと思える、やりがいのある仕事との出会いに結びついていくのです。

セックスも仕事も、一瞬だけを切り取ってみれば、自分と他人には差がないように見えるかもしれません。けれども〝責任〟を意識している人とそうでない人とでは、同じように見えても、喜びも成果も違います。

その差は時間が経つほどに大きく開き、結果的に、職場でのポジションも、男女の信頼関係も、まったく変わってくるのです。

能力もなく、脳力を磨く努力もしないでお給料だけをもらう人を給料泥棒と言ったりしますが、欲望の処理としてセックスをする無責任な男性は、快感泥棒です。決してセックスの上手い男になれません。

相手の人生に責任を持って女性を愛せる男性だけが、本当の愛を女性からもらうことができるのです。

3章 「下半身の曲り角」克服法

なぜ若者はスローセックスを習得できないのか?

ビジネスで必要なスキルはセックスの世界でも有効であること、セックスが上達すれば、その人間力はビジネスにも生きてくることが、おわかりいただけたことと思います。ここからは、皆さんにスローセックスの真髄を身に付けていただくことで、人間としての魅力をさらに高めてもらえるように論を進めていくことにします。

実は大人世代の男性こそ、スローセックスを始めるのにふさわしいのです。

射精欲がある程度落ち着いてきた大人世代は、次第に自分がイクことよりも、女性を感じさせることに喜びを感じるようになります。年齢を重ねるにつれ、自然とスローセックスのメソッドに近づいてくるのです。

もちろん、スローセックスを勉強してセックスの本質を知るのは、早いに越したことはありません。セックスの本質を知ることは、愛の本質を理解することにつながってくるからです。

今、多くの人が普通と思っているセックスは、そのほとんどがジャンクセックスです。

ジャンクセックスとは「自分の性欲を処理するセックス」です。一方、スローセックスは「愛を与えるセックス」です。同じセックスでも、両者はまったく別モノです。自分勝手なジャンクセックスを続ける限り、愛の本質に触れることはできません。

少子化に歯止めをかける、というのはちょっと風呂敷を広げ過ぎかもしれませんが、せめて若者たちの深刻なセックスレス化や、性の乱れを少しでも改善できればと、私はスローセックスの普及に命がけで取り組んでいます。その甲斐あって、最近では、スローセックスに興味を示してくれる若い世代も増えてきました。

ただ、興味は示してくれるのですが、現実問題として、彼らはスローセックスの習得になかなか至らないというのが実情です。

最大の原因は、彼ら特有の〝若さ〟にあります。せっかくスローセックスの意義やテクニックを学んでも、射精という目先の快楽に負けてしまうのです。「アダムタッチで女性の全身を30分以上愛撫する」という、初級者用のハードルですらなかなか越えられません。

もうひとつ、性に対する過剰な興味も、スローセックス習得の邪魔をします。どういうことか？　若者たちは、色々なことを試してみたいと思っています。ハード路線全盛のAVの直撃を受けた彼らは、AVと同じことを、リアルセックスでも試してみたいという衝動を抑えきれないのです。潮を吹かせたい、彼女の顔に精液をかけたい、バイブレータなどの道具を使ってみたい、ベッド以外の場所でセックスしてみたい、複数の女性と同時にプレイをしてみたい、SMをしてみたい……。

最初に断わっておきますが、私は、AVで行われる様々なプレイを全否定するものではありません。中には、セックスを盛り上げるために効果的な演出やオプションとして活用できるものもあります。

しかし、それらはすべてサイドメニューであって、メインディッシュではないのです。どんなにサイドメニューが豊富でも、肝心のメインディッシュが不味《まず》ければ、二度とそのレストランに足を運ばないのと理屈は同じです。いずれ必ず、本質の欠如したセックスはつまらないものになってしまいます。

「男性力」の高さが大人の武器

テクニックも、体力も、ペニスの性能も、セックスのほんの一要素に過ぎません。それよりも大きな割合を占めるのは、女性を包み込む大きな優しさ、相手の状態を把握する観察力や洞察力、そして忍耐力です。これこそが、女性に心とカラダを開かせ、感じさせるために、もっとも重要な「男性力」とでも呼ぶべき能力なのです。

人生の荒波をいくつも乗り越えてきた大人の男性には、知らず知らずのうちに、素晴らしい男性力が身に付いています。それは若い男性の比ではありません。

テクニックの研磨にも男性力は不可欠です。例えば、4章でご紹介するアダムタッチというフィンガーテクニックは、どんなに指の動きを完全にコピーしたとしても、それだけで完成形とは言えません。

「アダム先生に教わった通りにアダムタッチを試してみたのですが、彼女の反応が悪かったり、くすぐったがったりします。先生とどこが違うんでしょうか？」

受講生からはたびたびこんな相談をされます。テクニックが通じないのは、指先に魂が入っていないからです。覚えたてのテクニックを試すことそのものに夢中になってしまい、相手の女性に対する思いやりの心がどこか別のところに行っているから、本来の効果が発揮されないのです。

女性は、その鋭い嗅覚で、男性の心の中を瞬時に見抜きます。一生懸命に愛撫しているのに相手が感じない。それは、相手の女性に、こちらのミーイズムや薄っぺらな愛が見透かされているからに他なりません。

大人世代にもこうした男性特有の傾向がないわけではありませんが、男性力という大きな下地によって、スローセックスの意義と概念がかなりなじみやすくなっているはずです。これは大きなアドバンテージです。

今こそ、スローセックスを学んでください。

枯れオヤジでいくか、ちょいワルでいくか

少し前から、「枯れ専」という言葉が若い女性たちの日常会話の中に登場するようになりました。

「ねぇ、週末に合コンあるんだけど、どう？」

「どんな男性が来るの？」

「20代のイケメン商社マングループよ」

「無理無理、私、枯れ専だから」

といった使われ方です。

彼女たちの言う枯れ専とは、「枯れたオヤジ専門」の略語です。もっとかみ砕けば、枯れた中高年の男性が恋愛対象であるという意味です。

枯れ専の女性たちが憧れる芸能人の代表格といえば、森本レオさんでしょう。いつも穏やかで包容力がありそう。少しくらいわがままを言っても笑って許してくれそう。一緒にいるだけで心が和みそう。歳とともに増す男性力が、いかに女性を惹き付けるものであるかの証明です。

私たち男性にとっては、「枯れる＝生命力の衰え」のようで、悪い意味に捉《とら》えがちですが、彼女たちは男性の枯れを、ふかふかのじゅうたんに寝転がる気持ち良さのようなポジティブイメージとして捉えています。簡単に言えば、若い女性たちも癒されたいのです。

女性の社会進出が進んだ現代、ストレスは若い女性たちにも容赦なく襲いかかります。

本来ならば、いい恋愛やセックスをすることで、ストレスは軽減されるはずです。けれども同世代の男性たちは、自分の性欲を満たすことしか頭にありません。当然、セックスはジャンクセックスです。恋愛によって悩みやトラブルが増えて、逆にストレスが上昇するという負のスパイラルが発生します。

もう、そんな恋はいやだ。これまでの恋愛に失望した若い女性たちが見つけた癒しの新機軸が、ギラギラした若い男性とは逆ベクトルに位置する（ように見える）、枯れたオヤジたちだったのです。

勘違いして欲しくはないのですが、性欲や出世欲といった男の欲望を捨て去って、言うならばわびさびの境地に至ることが、女性に魅力的に映ると言っているわけではありません。1章で若い男性の草食化を懸念しましたが、草食系中年になってしまったら、それこそ花も咲かない枯れ木同然です。

若い女性が枯れオヤジに感じる魅力とは、豊富な人生経験が生み出す大人の余裕や、ゆとりなのです。余裕のある大人の対応が、同世代の男性に失望した若い女性の乾いた心に、潤いを与えるのです。まさに男性力の賜物《たまもの》。未成熟な男性が持ちえない思いやりや気配りの精神が、「この男性なら、私の気持ちを理解してもらえるかもしれない」と、若い女性の心を引き寄せるのです。

ちなみに、枯れオヤジとは対照的なちょいワルオヤジも相変わらず人気です。早い話、今の時代は大人世代というだけで大きなモテのアドバンテージを握っているのです。自分ぼーっとしている男性がモテないのは、いつの時代も、どの世代でも同じこと。そうの性格や感性と相談して、戦略的に自分のキャラクターを演出していきましょう。そうすれば、あなたのモテ指数は関数曲線的に上昇カーブを描きます。

EDでもセックスを楽しむ秘訣

大人世代は、体力や精力に衰えを感じ始める時期でもあります。ともすれば、かつての元気を失ったペニスを憂《うれ》い、「ああ、ついにオレにもその時が来たか」と、引退モードに入ってしまいます。

年齢を重ね、老いを実感するほど、若さに対する憧れは強くなっていきます。いつまでも若々しい肉体と精神を保ちたい——。この思いは、現代人に限ったことではありません。何千年も前に生きた人々も同じように考えていました。

かつての王族や為政者《いせいしゃ》は、若い処女とのセックスによって不老不死を手に入れることができると信じていました。どうすればより効率的に、処女の汚れなき生命エネルギーを自分の体内に吸収することができるか？　それが、男性なら一度は耳にしたことがあるであろう、中国の『房中術』です。今では、HOW TO SEXの古典のように捉えられていますが、実際には元祖アンチエイジングの学術書とでも言うべきものなのです。

このように古今東西の悩みであるペニスの衰え、現在で言うところのED（勃起不全）に悩む男性は少なくありませんが、そのほとんどは、ストレスなどの心の問題に起因する心因性EDです。

EDに悩む方からよく耳にするのは、一度でも〝萎《な》える〟という経験をすると、それが緊張やプレッシャーとなって、悪循環に陥ってしまうということです。

しかし、ここで、セックスを諦めてしまうことこそ最大の間違いです。

とにかく大切なのは、ゆとりをもって楽しめるようになることです。それができないから、皆さん苦しんでいらっしゃるわけですが、セックス＝男が固くなったペニスを挿入する行為だと思い込んでいるから、必要以上に自分を追い込み、事態をより悪い方に進ませてしまうのです。

EDに悩む男性に私から提案したいのが、「挿入の放棄」です。

心因性EDに悩む男性でも、よくよく話を聞いてみると、「女性の口や手で愛撫してもらうと大丈夫」という人が、意外と多いものです。

パートナーと相談して、一定期間、挿入をしないセックスをしてみてください。そして愛する女性との肉体と心の触れあいを通じて、セックスの喜びや楽しみを再確認するのです。挿入のプレッシャーから解放されるだけでも、随分と気持ちが楽になり、心のブレーキが自然とはずれて改善されていった事例を、私はいくつも知っています。

また、バイアグラなどの勃起促進剤を併用することも、自信回復にはとても有効です。

中には「バイアグラなしではセックスできない体質になってしまったらどうしよう」と、常習化や副作用を心配する人もいますが、それは取り越し苦労です。自信を回復して、ペニスに元気が蘇《よみがえ》ったら使用を中止すればいいだけの話で、何の問題もありません。

EDは予防が第一です。私が日本人男性に注意を促したいのは、日頃の健康管理です。

特に、毎日コンピュータに向かう仕事をしている男性には気をつけて欲しいのですが、コンピュータは人間の目から想像以上に多くのエネルギーを吸い取ります。欧米人のビジネスマンはそういうことがわかっているから、朝からフィットネスクラブに通うなど健康管理に余念がないのです。

ほとんど運動らしいことをしていないという男性は、まずは、脳ばかり使っていると、下半身の衰えが早くなるという認識をきちんと持ちましょう。

人間は誰しも加齢による体力の低下には抗《あらが》えません。この私もそうです。何もしないで普通に過ごしていたら、必ず、いつかガクッと体力の衰えがきます。自分の将来をイメージしてください。50歳になったときの自分。60歳になったときの自分。70歳になったときの自分。そのときのあなたは元気ですか？　いくつになっても元気でいる自分をイメージして、そのために日頃から体を動かすなど健康管理をしていれば、体力の下降曲線をなだらかにすることができるのです。

下半身の元気を維持するためにもっとも効果的なのは、体を動かすことです。私は、週一回、サルサ・ダンスで汗をかいています。以前はフィットネスジムに通っていた時期もあったのですが、長続きしませんでした。サルサは、もう4年になります。続いているのは楽しいからです。週一回のサルサが待ち遠しいほど大好きなのです。

長続きさせるコツは、体を動かすことを自分の楽しみにすることです。スポーツそのものが好きになることが一番望ましいと思いますが、たとえば好みのタイプの女性インストラクターがいるテニススクールというのもありだと思います。

ちょっとペニスに元気がなくなったからといって、セックスをあきらめる必要はまったくありません。それまでの、ペニスに頼りきったセックスこそ間違いなのです。加齢による精力の衰えは、ピンチどころか、セックスの本質に気がつく絶好のチャンスなのです。

EDと早漏は密接に関係している

ほとんどの方がご存知ないと思いますが、心因性EDのほとんどは、早漏とワンセットになっています。

〝早漏〟は、男性にとって大きなコンプレックスのひとつです。そのコンプレックスに男性の心が押しつぶされてEDになるパターンがひとつ。さらにもうひとつ、女性がふと漏らした言葉が原因で、急性の心因性EDになるパターンがあります。それは、

「エッ、もう終わったの？」

という一言です。

女性に悪気はないのかもしれませんが、この言葉は男性の下半身に致命的なダメージを与えます。

女性の心ない言葉で傷つき、心因性EDになってしまった男性は気の毒だとは思いますが、早漏を気の毒で片づけてはいけません。交接の醍醐味を満喫するためにも、女性を満足させるためにも、早漏の克服を目指しましょう。

よく、「若い時は早漏でも、年をとれば自然に治る」という人がいますが、それはウソです。早漏は、克服する努力をしなければ、いくつになっても治りません。また、「早漏は、もう治らない」とあきらめてしまう人も少なくありません。大丈夫です。早漏は必ず克服できます。

何を隠そう、私も30過ぎまでは、1分と持たない超早漏だったのです。本当に数々の

惨めな思いを経験しましたし、セックスに絶望した時期もあります。

しかし、そんな私が、今では2時間でも3時間でも交接を楽しむことができるようになりました。何らかの方法でペニスの感度を鈍くして、長持ちするようにしたのではありません。感度も含めてペニスの性能を高め、射精をコントロールできるようにしたのです。

私の超早漏が治った呼吸法

これから、私が実際に行ったトレーニング方法をレクチャーします。

まず、やっていただくのは〝早漏克服のための呼吸法〟です。これはヨガを応用した呼吸法で、自律神経をリラックスモードに導く副交感神経を優位に立たせることで、興奮を抑制することができるようになります。

やり方を説明します。

1　お尻の穴から吸い上げた空気が、脳に直結した管を通って、頭部に吸い上げられるイメージで、鼻から一気に息を吸い込む。
2　鼻から、約7秒かけて、ゆっくりと息を吐き出す。
3　息を吐き出したあと、お尻の穴をキュッキュッキュッと、10回締める。

たったこれだけです。イキそうになるたびに、1〜3を、射精したい気持ちが鎮まるまで何度も繰り返してください。

1のイメージが最初はなかなかつかみづらいかもしれませんが、もっとも大切なことは、息を一気に吸ってゆっくり吐くことです。この呼吸法を使うことで、かなり長持ちすることができるようになります。

マスターベーションで訓練できる

とは言え、いきなりセックスで試すのはトレーニングをしないで試合に出るようなものですから、ちょっといただけません。やはり自主トレ期間を設けて、自信を付けて本番に臨んでほしいと思います。

自主トレに最適なのが、普段のマスターベーションです。イキそうになるたびに、この呼吸法を使って、最低でも15分間は射精をしないようにしましょう。早漏の男性は、概してマスターベーションの時間も短い傾向にあります。

自主トレをより効果的にするためのコツは、2つ。ひとつめは、亀頭をメインにゆったりと愛撫すること。男性のオーソドックスなマスターベーションの方法が、ペニスの茎を皮ごと握って、亀頭と茎を同時にゴシゴシと上下に激しくしごくというやり方です。射精のメカニズムは他の著書で詳述しているので割愛しますが、この方法は、どうしても射精に突き進みやすくなってしまいます。

マッサージオイルを亀頭と手のひらに十分になじませ、亀頭の周囲を手のひらでローリングさせるように愛撫したり、親指と人差し指で輪を作り、カリの部分を絞りあげるようにゆっくり上下させるなどの方法をおすすめします。

ふたつめは、イクことではなく、感じることを目的にするということです。そう、スローセックスを楽しむためのメソッドと同じです。早漏の人は、マスターベーションもジャンクな場合が多いのです。意識をジャンクからスローにシフトさせましょう。マスターベーションの意識改革は、必ずセックスに反映されます。

以上の早漏克服トレーニングは、継続すれば、必ず効果があらわれます。ただ、効果が感じられるまでの期間には個人差があります。2週間の人もいれば、半年かかる人もいます。それはやってみなければ誰にもわかりません。

肝心なことは、早漏は絶対に克服できると信じて、途中であきらめないことです。

射精から自分を解放せよ

私のセックススクールで、受講生に最初に教えているのが〝射精の放棄〟です。と言うと、皆さん「エッ」と絶句されます。

もちろん、射精をしてはいけないという意味ではありません。射精をしたいと思うのは、男性として当然の欲求です。

問題は、ほとんどの男性にとって、射精することがセックスの第一の目的になっていることです。女性から、「彼の前戯が短い」という不満をよく耳にしますが、早く射精したい男性が、女性への愛撫を疎《おろそ》かにしている証拠でしょう。

私に言わせれば、射精を最大の目的とする既存のセックスは非常識の塊です。射精を一番に考えている限り、永遠に女性の性は置き去りにされます。愛する女性と快感を共有できない行為など、もはやセックスですらありません。女性を道具に使ったマスターベーションに過ぎないのです。

セックスの最大の喜びは何か、と聞かれたら、私は迷わず「愛する女性が喜ぶ姿を見ること」と答えます。愛する女性に喜びを与え、その喜びが自分の喜びになる。これこそが、男性の幸福の本質なのです。この本質を理解できない限り、セックスの本当の醍醐味を体感することはできません。

例えば、相談件数は早漏ほど多くはありませんが、遅漏に悩んでいる男性も少なくありません。実は、遅漏にはEDの悩みと似た問題点があります。「勃起させないと」という焦りが、余計に勃起力を弱らせるように、「イカなきゃいけない」という焦りが、ますますイキにくくさせてしまうのです。これも、「射精がセックスの終わり」という決めつけが招く不幸のひとつだと言うことができるでしょう。

射精がゴールだと考えることが、そもそもの間違いなのです。男女が時の経つのも忘れて楽しむスローセックスでは、セックスの終わりはいつか？　と聞かれれば、それは二人がお互いに満足したときです。

実際に、私自身も毎回射精はしません。年齢的に、射精をしてしまうと急激に精力と体力が落ちるため、意識してセーブしているという面もありますが、私にとってセックスの最大の喜びは女性が官能に身を震わせる姿を見ることですから、女性が満足してくれれば、射精をしなくても十分に満足感を得ることができるのです。

遅漏に悩む男性は、なかなかイケなくて楽しめない今のセックスから、射精をゴールとしないで、相互愛撫をゆったりと楽しむスローセックスにシフトして、まずは自分の心を軽くしてあげましょう。

また、遅漏の人に限って、挿入のタイミングが早いという傾向もあります。挿入の前に、女性にマッサージオイルでペニスを愛撫してもらうなどして、性的な感受性を十分に高めてから挿入すると、射精までの時間が短くなるケースがあります。パートナーに協力してもらって、試してみてください。

「イク」「イカせる」をやめると深い快感が訪れる

スローセックスは、〝ずっと前戯が続くようなセックス〟です。

今、便宜上〝前戯〟という言葉を使いましたが、スクールでは前戯という言葉を使っていません。あたかも挿入の「前に」やる行為という字面《じづら》のイメージが、セックスの本質からはずれているからです。キス、前戯、挿入、射精。自由であるべきセックスにこういう区切りをつけて捉えること自体がナンセンスなのです。

既存のセックスの悪《あ》しきイメージを払しょくするために、スクールでは愛撫全般の総称を〝愛戯〟と定めています。互いが満足するまで、時間を忘れて愛戯をするのがセックスです。男性が射精したら、女性は満足していなくてもセックスが終わってしまう今のセックスが、正しいはずはありません。

一方、「イク」の落とし穴と同質なものに、「イカせる」があります。女性をイカせたいという気持ちは大切ですが、これもこだわり過ぎると悪い結果を招きます。本来は女性に対する優しい気持ちであるはずの動機が、途中から自分の欲望を満足させる動機にすり替わってしまうのです。果たして、愛撫が強くなりすぎて、女性は気持ち良くなるどころか、苦痛を感じてしまう。本末転倒もいいところです。
セックスが上手い男になりたければ、まず常識を疑ってください。

セックスの自信は男の人生を左右する

コンプレックスがひとつもない人など、世の中にいないでしょう。コンプレックスはネガティブなことではなく、生きるエネルギーだとポジティブに捉えることが大切なのです。

コンプレックスをバネに、人生を成功に導いた人たちは枚挙にいとまがありません。いじめられっこだった少年時代の悔しさをバネに、ボクシングの世界チャンピオンになった人しかり、貧しい家庭に育った生い立ちをバネに、ベンチャービジネスを興《おこ》して億万長者になった人しかり。

ところが、セックスのコンプレックスだけは、成功のバネにはなりません。愛する女性を性的に満足させることができないことのコンプレックスは、男性の自信を根底から傷つけます。その絶望が生み出すマイナスのエネルギーの破壊力たるや、凄《すさ》まじいものです。

日々、スクールで受講男性を観察していて思うことは、セックスの悩みほど大きなコンプレックスはないということです。男性にとってセックスのコンプレックスは、他の何かでは補いようがないのです。

コンプレックスに耐えきれなくなった男性の一部は、セックスから遠ざかろうとします。要するに、セックスレスになれば、これ以上傷つくことはないと考えるのです。しかし本人がどんなにセックスから目をそむけても、本質的な男女の愛の欠如は例えようのない虚《むな》しさとして、潜在意識にフィードバックされてしまいます。

スクールにも、セックスのコンプレックスを抱えた多くの男性が訪れます。皆さん最初はうつむき加減で、表情が重く沈んでいます。けれども、講習を続けるうちに表情が変化していきます。潤いと精気を取り戻し、最初にスクールのドアを開けた時とは別人のように、自信に満ちあふれてくるのです。

30年以上彼女を作ることができなかった普通のサラリーマンも、大企業で重役の椅子に座っている恰幅《かっぷく》のいい男性も、等しくいい顔になっていきます。

男性にとって、セックスの悩みほど大きなコンプレックスはありません。しかし、その逆に、セックスの自信ほど大きなものもないのです。だから、セックスが上手くなると、仕事も人生も上手く回り始めることになります。

4章 今夜から楽しむ基本のスローセックス

間違いだらけの「自己流」をリセットせよ

スローセックス習得のために避けては通れない道が、あなたの自己流のリセットです。これまでの経験で身に付けたセックス観、知識、テクニックのすべてを、今この瞬間に、きれいさっぱり忘れてください。

なぜ、せっかく長い年月をかけて蓄積したセックスのスキルを、ごみ箱に捨てるようなことをしなければならないのか？　それは、世の中には男性の自己流セックスに泣いている女性が数多く存在するという、紛《まぎ》れもない事実があるからです。

多くの男性が、「これが普通」と考えているセックスは、非常識なセックスです。皆さんが正しいと信じている今のセックスが、根本的に間違っているのです。

例えば、スローセックスにおける愛撫の大原則は、女性の肌にそっと優しく触れるということです。簡単でしょう。けれども実際に愛撫を実践してもらうと、たいていの男性の愛撫は強すぎます。男性は、ペニスを強く擦れば気持ちいいという自身のマスターベーションの経験則から、「女性も強い刺激が気持ちいい」と思いこんでしまっているからそうなるのです。

女性の肌に触れるか触れないかの絶妙なタッチ圧を、前戯の間ずっとキープするということは、間違った自己流が身に付いてしまった男性にとって、生易しい課題ではありません。スクールでも、多くの受講生がリセットに苦労しています。モデルさんが思うように感じてくれないと、ご自分のテクニック不足を棚に上げて、「こんなテクニックはインチキだ！」と逆ギレする方もいます。

できることなら、上手くいかないのが自分のせいだとは思いたくないのが人間の心理です。しかし、うまくいかない原因は、必ず自分の中にあるのです。自分の非を素直に認め、正しい方向に向かって努力できる人が、何事も大成できるものです。

イケメンでペニスの大きな男は嫌われる？

ジャンクセックスに毒された男性の意識の中に強烈にはびこっているのが、男根主義であり、挿入主義です。

男性は、とかくペニスの大きさを気にします。大きいと誇らしげになり、小さいとコンプレックスを感じて萎縮する。

しかし、ペニスの大きさに自信のある男性の鼻を、私は簡単にへし折ることができます。

「ペニスの大きい男性に限ってセックスは下手」

これは女性の10人中少なくとも8人が経験則として口にする、いわば大人の女の常識なのです。ことのついでに申し上げますと、似たような大人の女の常識にはもうひとつ、

「イケメンに限ってセックスが下手」

というのもあります。

理由は簡単です。ペニスの大きさや、外見の良さに胡坐《あぐら》をかいて、テクニックを磨くことを疎《おろそ》かにしてしまっているからです。それだけでなく、テクニックよりも大切な、心配りやいたわる気持ちといった、女性に対する優しい気持ちが欠落している人さえいます。外見のよさに惹かれて一度はベッドを共にした女性も、これでは二度と誘いに応じてくれないわけです。

「十で神童 十五で才子 二十過ぎれば只の人」などと言われますが、恵まれた才能や親

からの財産があったとしても、努力を続けなければ大成できないことは、家督を食いつぶす二代目のボンボンや、二世議員たちの体たらくからも明らかでしょう。

感性のセックスを始めよう

ペニスの大きさにかかわらず、男らしさの象徴たる固くいきり立ったペニスを女性の膣に挿入し、激しく動かせば、女性が喜ぶと思い込んでいる男性はたくさんいます。彼らは、女性も早く入れて欲しがっているのだと、自分の都合のいいように主張します。セックスは脳でするものです。脳がまだ感じる準備をしている最中にペニスを挿入してしまうと、スキンとスキンの過剰な摩擦はただの痛みになってしまうのです。

苦痛による苦悶《くもん》の表情を、喘ぎ顔だと錯覚してひとり悦に入る男性しかり。反応が悪いのは、まだピストン運動が足りないせいだと勘違いしてさらに加速し、女性にいっそう大きな苦痛を与える男性しかり。女性に性交痛という肉体的苦痛を与えていることも、感じてもいないのにイッたフリをしている心の悲鳴にも気がつかないのです。

まだスクールを立ち上げたばかりの頃、不感症と性交痛に悩むある30代の女性から、

「世の中からセックスさえなくなれば、こんなに苦しまなくてもいいのに」

という涙まじりの訴えを聞いたとき、私は愕然《がくぜん》としました。苦痛が常態化することで、女性たちは、セックスに絶望するのです。

男根主義、挿入主義が、ただセックスの下手な男を増やしているのなら、それは男性側の自業自得です。私はスローセックスの普及に自分の人生を捧げようとまでは思わなかったでしょう。私が今の仕事に命をかけるのは、愛すべき女性たちが不幸になるのを黙って見ているわけにはいかないからです。

女性は、快感レベルという観点だけでも、男性とは比較にはならないほど大きな可能性を持っている存在です。それなのに、女性としての喜びを知ることなく一生を終えてしまうことほど、不幸なことがあるでしょうか。

男性も一定の年齢に達したら、淡い口づけに喜びを感じられるような、精神的な結びつきに価値を見出す必要があるのです。ペニスでするセックスから〝感性でするセックス〟にシフトすることが本当のスキルアップであり、関係性の充実に通じます。

口と手の両方を効果的に働かせる

さてここからは、より実践的なセックステクニックをレクチャーしていきます。セックスの上手い男になるために、是非とも身に付けて欲しいのが「二刀流」です。つまり、複数の場所を同時に愛撫する複合愛撫のことですが、これは女性を体の芯から喜ばせられるかどうかに大きく関わってくる、重要なテクニックです。

女性経験を重ねた男性の中には、
「複合愛撫なんか、教わるまでもなく普段からやっています」
という方も少なくありません。受講男性の中にもこのような声は多く、そんな時は、彼らの普段通りをやってみてもらうのですが、残念ながらメチャクチャもいいところです。

ダメな理由を一言で言えば、ただ自分が舐めたい所を舐め、触りたい所を触っているだけなのです。これではテクニックの体裁《ていさい》をなしていません。単に、手と口の両方を使っているというだけの、なんちゃって二刀流です。

本物の二刀流は女性を喜ばせることを目的としています。一方、なんちゃって二刀流は、自分の欲望を満たすことが目的です。目的意識が違えば、効果に天と地の差が出るのは当たり前のこと。女性を喜ばせるという最終目的をしっかりと意識した上で、二刀流マスターに欠かせない正しいフィンガーテクニックと、正しいオーラルテクニックを学んでください。

基礎にして最強、アダムタッチの基本フォーム

まず、覚えていただきたいのがアダムタッチです。アダムタッチはスローセックスの根幹をなすフィンガーテクニックで、基本中の基本と言える愛撫テクニックです。

アダムタッチを簡単に説明すると、「女性の肌を、ゆったりと優しく触る」テクニックとなります。

というとまた、

「それってフェザータッチのことですよね。だったらいつもやっています」

とおっしゃる御仁が必ずいらっしゃいます。確かに、一般の方の目に大きな違いは感じられないかもしれません。しかしそれは、ゴルフのことを知らない人が、タイガー・

●アダムタッチの手順

①女性の肌の上に、手のひら全体をそっと乗せる。

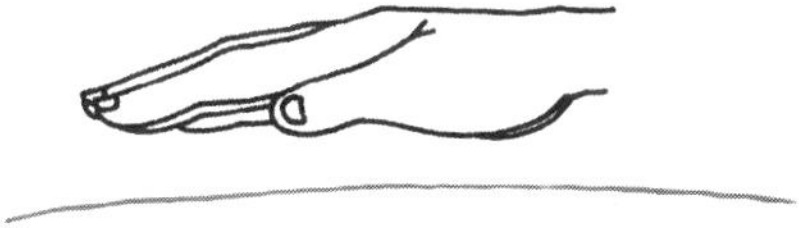

②手のひらと肌が水平になるように、肌から約2センチ浮かせる。

③その位置から指先の力を抜いて、5本の指先だけを肌の上にそっと置く。

●上から見た図

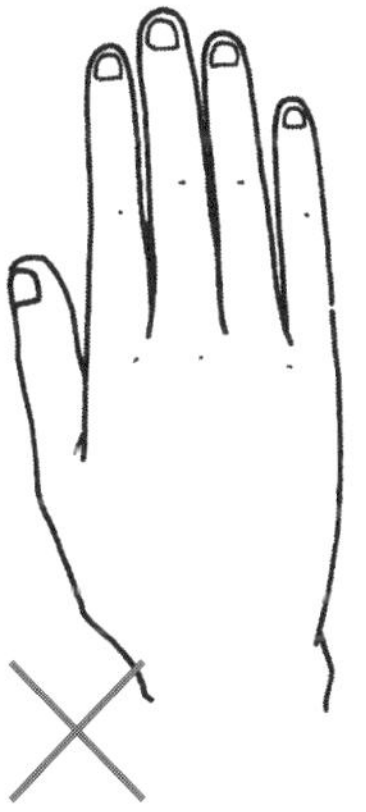

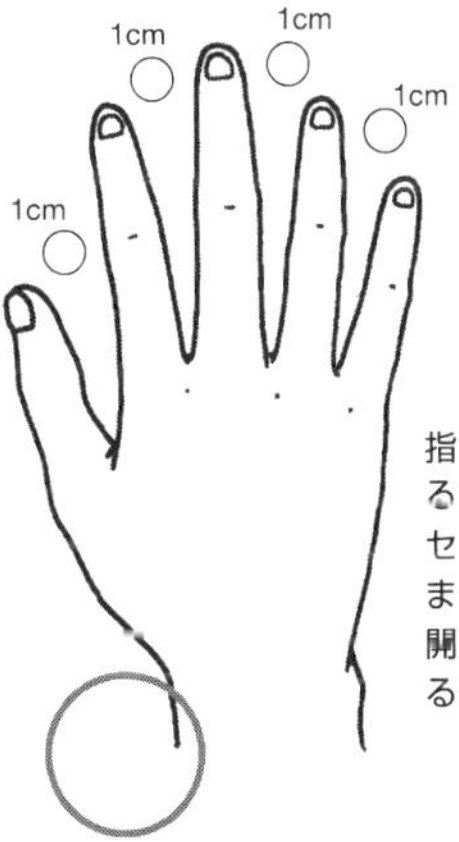

指の間隔は閉じるのではなく、1センチ間隔、つまり指を自然に開いた状態にすること。

ウッズとアマチュアゴルファーのスイングの違いが理解できないことと同質です。

ただ女性の肌の表面をさわさわとなぞるだけの稚拙な愛撫と、女体に官能のエネルギーを浸透させるアダムタッチでは、切れ味に大きな差があるのです。

これからアダムタッチの基本を説明していきます。最初に覚えていただくのは、アダムタッチを行う際の、手の基本フォームです。101ページの手順に従ってください。

この手の形が、基本フォームとなります。乳房やお尻など、円《まる》みを帯びた部位を愛撫する際には若干手の形を調整することはありますが、基本的には常にこの形をキープします。指先の間隔も常に一定です。

一般には、テクニシャンという言葉から、あたかもマジシャンのような変幻自在・縦横無尽な指使いを連想しがちですが、5本の指先がバラバラに動くとタッチ圧が不均等になるため、理想的な刺激を安定供給することができません。基本フォームを、指先に形状記憶させてください。

今、タッチ圧という言葉が出てきました。女性の肌にどのように触れるかは、非常に重要なポイントです。女性の性感にもっとも適したタッチ圧は、肌に触れるか触れないかの絶妙な力加減です。強すぎても弱すぎてもいけません。初級者は、指先と肌の間に〝薄い被膜〟があるイメージで行うと、感覚をつかみやすいでしょう。

また、指先のどの部分で触れるかも重要です。タッチする指のポイントは、指の先端部と、指腹（指紋のある部分）のちょうど中間点です。実は、指先からは気（性エネルギー）が発せられています。もっとも気が発せられる部分が、このポイントなのです。

ちなみに、手のひらの中央にも〝労宮〟とよばれる気の出るツボがあります。手のひらを肌から2センチ浮かせるのは、この距離が、労宮の発する気の波動をもっとも効率よく女性に与えられる距離だからです。

アダムタッチとは、絶妙なタッチ圧が生み出す物理的な刺激と、指先から発する気のエネルギーの相乗効果を利用した、究極のフィンガーテクニックです。市販のベビーパウダーを使うと、より理想的な摩擦が生み出せるのでおすすめです。

アダムタッチは規則的に動かす

いよいよ指の動かし方ですが、基本的に〝右回りの楕円形《だえんけい》〟を描くように動かします。

背中のような広い部位は大きな楕円形を、腕や大腿部《だいたいぶ》のような細長い部位には細長い楕円形を、頬やくるぶしのような狭い部位は指の数を減らして小さな楕円形を描きます。

これは、女性が「規則正しい動きに安心する」性質を持っているからです。こっちをさわさわ、あっちをさわさわという無軌道な愛撫は、女性を不安にさせてしまうのです。不安は快感に転化しません。また、右回りの理由は、手の動きが自然に行えるという私の経験則に基づくものです。

さて、愛撫でもっとも重要なのが、指を動かすスピードです。適正速度は、秒速3センチです。頭の中で3つ数えて10センチ進むのが目安となります。実際にやっていただくと、非常にゆっくりとした動きだということがわかると思いますが、このじれったいほどの動きこそが、女体の性メカニズムにもっともフィットした速度なのです。

以上が、アダムタッチの基本です。いかがでしょうか？　一見単純に思える愛撫の中にも、これほど多くの基本事項があることがおわかりいただけましたか。

脅迫するつもりはありませんが、ひとつでも基本から外れてしまえば、その瞬間に、アダムタッチとは似て非なる行為になってしまうのです。シンプルなテクニックこそ、奥が深いのです。基本をしっかりと身に付けることが大切です。

クリトリス愛撫の2大原則

セックスの上手い男になるために、是非ともマスターしなければならないのが〝片手によるクリトリスの愛撫〟です。

これまた「とっくにできます」という声があちこちから聞こえてきそうですが、残念ながら、本当に正しい愛撫を実行している男性は極めて少ないのが現実です。スクールでは実践コースの内容としていますが、教えた通りにすぐできる人は、10人に1人いればいい方です。女性セラピストの正しいテクニックの実演を目の前で見ていても、習得には何時間もかかる人が圧倒的多数です。

間違った自己流が習得を邪魔するなど様々な要因はありますが、「自分は大丈夫」という勝手な思い込みがスキルアップの妨げになるのは、どんな世界も同じです。自分はできると思っている人も、素直に一から新しいテクニックを学ぶつもりで、次に進んでください。

さて、テクニックの解説の前に、クリトリス攻略の2大原則をお教えしましょう。

ひとつめは〝一点集中攻撃〟です。女性の体の中で一番小さな性感帯だからこそ、クリトリスの先端を的確に捉えなければなりません。

女性の反応が薄い、痛がるといったケースの多くは、愛撫がポイントからズレているのが原因です。本人はクリトリスを愛撫しているつもりでも、微妙にズレていることがとても多いのです。ポイントをはずす男性のことを、私はボーリングになぞらえて「ガーター男」と呼んでいます。

2大原則のふたつめは〝スピード感あふれる超ソフトタッチ〟です。男性の多くは、女性をイカせようと必死になって、思わず愛撫を強くしてしまいがちです。これでは逆効果もいいところです。最初から最後まで、いかに超ソフトタッチを心掛けるかがポイントなのです。

愛撫の強さの平均データはさすがに持っていませんが、実感で言えば、「普段の3分の1の強さ」で、というアドバイスが妥当でしょうか。それくらい一般男性の愛撫と、理想の愛撫には乖離《かいり》があるということです。

片手によるクリトリス愛撫

　では、片手による正しいクリトリス愛撫のレクチャーに移りましょう。手順は109ページのとおりですが、いくつかポイントの解説をしていきましょう。

　まず、①のクリトリスの皮剝《む》きですが、これは、一点集中攻撃という原則を順守する上で欠かせない下準備です。

　よく「皮を剝くと女性が痛がるのでは？」という質問を受けます。くどいようですが、女性が痛がるのは愛撫が強すぎるからです。超ソフトタッチを心掛ければいいだけの話です。ガーター男にならないためにも、ちゃんと皮を剝きましょう。

　次に、②のクリトリスの位置の確認の仕方。ここでは、複合愛撫を前提として、指先の感覚だけでクリトリスの位置を確認する方法を記しましたが、初級者の男性は、まず自分の目で見て確認してください。女性の前でいい格好をしようと上級者を気取って、見ないでやろうとするのが失敗のもとです。

　最後に、もう一度愛撫法を確認しますが、ポイントはスピード感あふれる超ソフトタッチです。言葉で言うのは簡単ですが、超ソフトタッチをキープしつつ、指先を小刻みに動かすのは、とても難しいテクニックです。

後は、練習あるのみです。慣れないうちは、スピードよりも、優しいタッチ圧にポイントを置きましょう。

無器用な口は無理に使わない

男性はとにかく女性を舐めることが大好きです。誰から教わったわけでもないのに、女性の乳房や女性器をベロベロと舐めまくります。

しかし、ここではっきりさせておくべきは、舐めるのが好きなことと、オーラルテクニックのレベルは別モノということです。好きこそものの上手なれという言葉は、オーラルテクニックには当てはまらないようです。

スクールの受講生に指導しているのが、「愛撫は指で、口は愛情表現」という概念の徹底です。指と口では、どちらが愛撫に適しているか？　その器用さを比較するまでもなく、圧倒的に指の方が愛撫に適しているのです。

●片手によるクリトリス愛撫

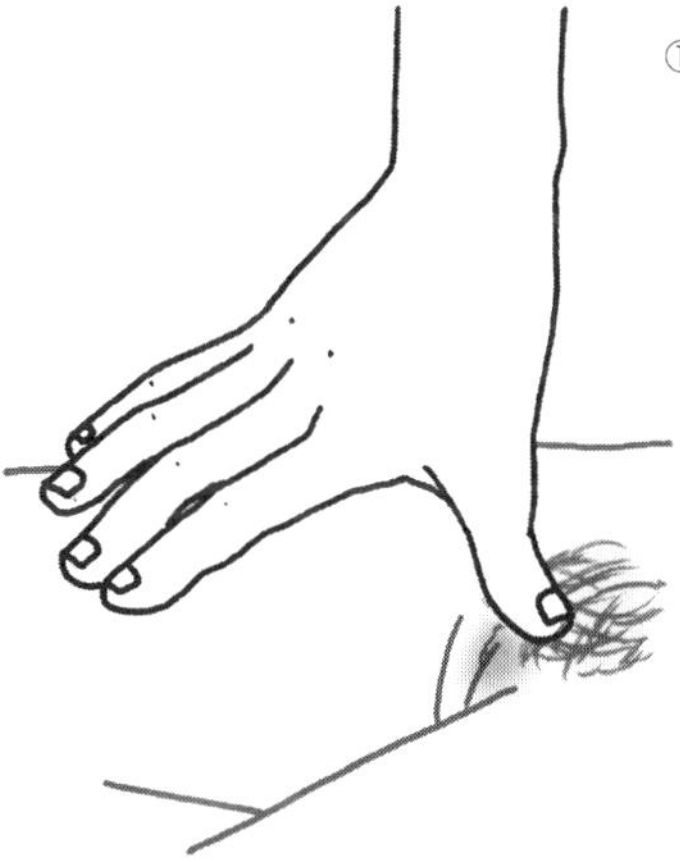

①女性の陰毛の中心部あたりに親指を立てる。親指を皮膚に押しあてながら、上方向に引き上げてクリトリスの皮を剝き、クリトリスを完全に露出させる。

②中指を膣口にあてがったら、小陰唇の割れ目に沿って上にあげていき、指腹でクリトリスの位置を確認する。中指を上下に素早く動かすようにして、指腹でクリトリスの先端部を愛撫する。

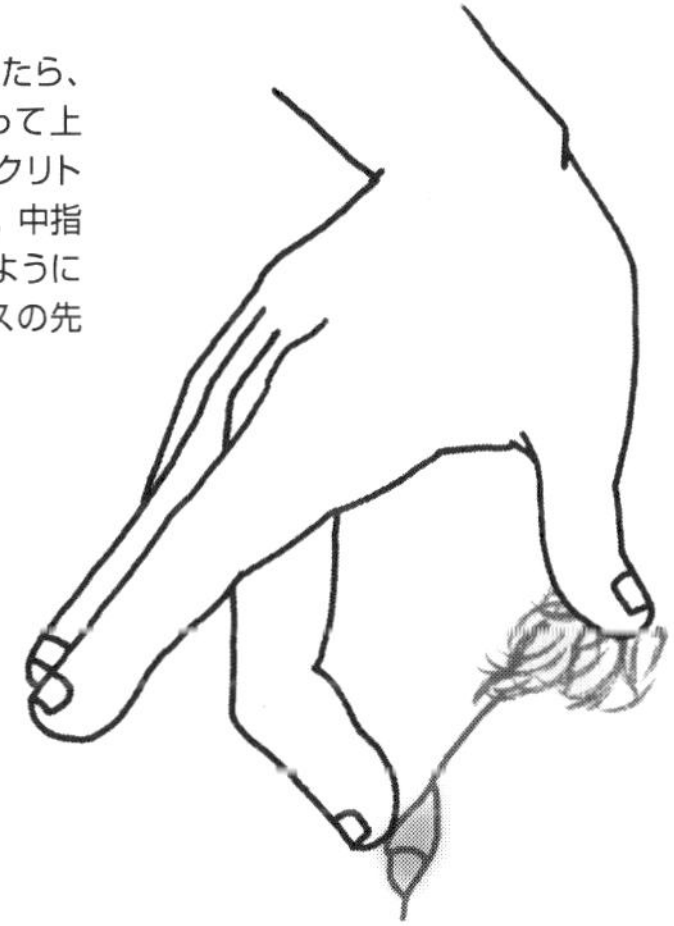

翻《ひるがえ》って多くの男性のセックスを観察すると、舐めたり吸ったりに夢中になって、指が遊んでいる時間がなんと長いことか。指という最大の武器を使わないで女性を満足させようなどというのは、非常識なことなのです。

オーラルテクニックは単独で存在するものではなく、アダムタッチなどのフィンガーテクニックによる快感を際立たせるために欠かせない愛情表現であり、エロティックな演出のひとつであると、認識をあらたにしてください。

愛撫は指、口は愛情表現という意識を持つだけでも、女性からの評価が数段ランクアップすることをお約束します。

アダム流愛撫のモデルコース 〜上半身編〜

セックスの本質は〝相互愛撫・相互官能〟にあります。お互いに愛撫し合い、お互いが気持ち良くなるのがセックスなのです。

言葉にすると、皆さんご理解していただけるのですが、果たして実際のセックスではどうでしょうか。あなたにとって普通と思えるセックスの体勢は、「男性が上で女性が下」ではありませんか？　「男が責めで女は受け身」という固定観念が、そうさせるのです。

相互愛撫に適しているのは、互いにベッドで向かい合って横抱きになる体勢です。この体勢の最大のメリットは、キスを楽しみながら、男性は女性のクリトリスを、女性は男性のペニスを、お互いに愛撫できるところにあります。

では愛撫の本質を押さえていただいた上で、複合愛撫の講義に移ります。これからお教えするのは、もっともオーソドックスな複合愛撫の流れです。

男性が右利きの場合、仰向《あおむ》けの女性の右側に、女性にキスできる位置で、横向きの姿勢をとります。これがスタートポジションです。そして、唇にキスしながら、右手で女性の上半身の左サイドをメインにアダムタッチしていきます。代表的な部位は、髪の毛、頬、耳、肩、二の腕、上腕、手、脇腹です。ちょこちょことした細かい動きではなく、左サイド全体を大きく捉えて、細長い楕円形をゆったりと描くように愛撫してください。

キスも唇だけでなく、頬、耳、うなじ、肩、二の腕、乳房、乳首、脇腹と、自然な流れで移行していきます。このとき、キスがワンパターンではいけません。チロチロと舌先で愛撫する、チュッと音を立てる、ベロ〜ンと舐めるというように、変化をつけていきましょう。女性の肌を甘咬《あまが》みするテクニックを〝バイト〟といいますが、適時バイトを織り交ぜることも、バリエーションのひとつとして効果的です。

以上が、〝上半身への複合愛撫〟の大まかな流れですが、最大のポイントは、常に指と口（舌）が同時に動いているということです。

スクールの受講生からよく受ける質問に、次のようなものがあります。

「長く愛撫を続けたいのですが、間が持ちません。どうすればいいのですか？」

間が持たないとは、別の言葉で言い換えれば、女性のリアクションが低いということです。女性から気持ちいいリアクションがちゃんと返ってきていれば、間が持たないどころか、時間が経つのを忘れるくらい楽しいものです。

なぜ女性のリアクションが薄いのか？　最大の原因は、男性が同じことを続けているからです。例えば、ずっと唇にキスしている。あるいは、ずっとオッパイを吸っている。乳首が敏感な女性でも、ずっと乳首を吸われ続けたら辟易《へきえき》するでしょう。最後には乳首が痛くなって、もうやめて欲しいと念じています。

人間は、変化を楽しいと感じる生き物です。口と指先が、切れ目なく絶えず移行していくことが何より大切なのです。

アダム流愛撫のモデルコース ～下半身編～

さぁ、徐々に体勢を下に移動させて、次は〝下半身への複合愛撫〟です。

ポイントは、すぐにクリトリスを触らないこと。上半身にたっぷりと愛撫を受けた今、女性も「早く触って欲しい」と気持ちがクリトリスに向いていることでしょう。ここであえて、じらしを入れるのです。敏感なクリトリスは、その周辺を愛撫されればされるほど感度をよりレベルアップさせます。最後の最後のお楽しみにとっておいてください。

下半身の愛撫でのアダムタッチは、つま先から行います。つま先から子宮方向に性エネルギーを押し上げていくようなイメージで、左足から愛撫します。同時に、オーラルで、脇腹や腹部、パンティライン、太ももなどへ変化をつけて愛撫します。

ここからクンニで女性にとどめをさすのも自然な流れですが、ここでは片手によるクリトリスの愛撫を交えた複合愛撫を解説します。

ポジションは上半身への愛撫時に戻して、右手でクリトリスを愛撫します。オーラルに関しては、アダムタッチの時と同じ要領でけっこうです。片手によるクリトリス愛撫は、女性にとどめをさすというよりも、ゆったりと時間をかけて7割の快感を楽しむことに適しています。イカせることにこだわらず、淡い官能を与えてあげてください。

そして、頃合いを見計らって、女性の手をペニスに導き、相互愛撫に移行していきましょう。大人世代の読者の方にはとくに、このようなゆったりしたセックスの楽しみ方を知っていただきたいと思います。

挿入以上に気持ちいい"スポット愛撫"

愛する女性と、文字通り一体となる交接は、確かにセックスの醍醐味のひとつです。けれど何事にもバランスが大切で、挿入ばかりにこだわり過ぎるのは考えものです。

挿入するだけがセックスではありません。私は、ペニスに衰えを感じ始めた世代を勇気づけるための方便として、言葉を弄《ろう》しているわけではありません。セックス=挿入というステレオタイプな決めつけは、セックスそのものをつまらなくするだけでなく、よりよいセックスを楽しむために必要な創造性を欠如させます。

男性のシンボルたるペニスといえども、万能ではないのです。ホームランバッターばかりを揃《そろ》えた野球チームでもあっさり優勝を逃すように、ペニスに頼ったセックスでは、複雑でデリケートな女性を心から満足させることなどできません。自分の持つ様々な能力を見極めて、性感帯の場所や性質に合わせて適切に配分していくことが肝要です。

今、あなたに再認識して欲しいのは、指の存在価値です。膣内にはペニスでは届かない、つまり指でなければ的確に愛撫できない性感帯が、いくつも存在しているのです。

プロ野球の世界であれば、一旦球威の衰えたベテランピッチャーが速球派に返り咲くことなどまずあり得ません。けれどもセックスは、確かな技術を身に付けることによって、体力や精力の衰えを感じはじめた男性でも、容易に160キロのストレートを投げ込むことができるのです。

ベッドの上での剛速球を可能にするのが、Gスポットに代表される〝膣内性感帯〟の愛撫の習得です。

Gスポット愛撫

Gスポットは、もっともポピュラーな膣内性感帯です。しかし悲しいかな、その正確な位置を知っている男性はほとんどいません。ましてや正確に愛撫できる男性となると、限りなくゼロに近いというのが、残念な実態なのです。

Gスポットの正しい位置と、その探し方は次ページを参照してください。

この方法で指を挿入した時、指腹が当たっている部分がGスポットです。Gスポットは膣壁ではなく〝恥骨〟に存在しているのです。

次に愛撫法です。Gスポットはポイントを正確に捉えていれば、軽く指腹で触れるだけでも女性は感じます。しかしそれだけでは、Gスポットの真の潜在能力は現出しません。

もっとも効果的な刺激は〝圧迫振動〟です。ポイントを指腹で圧迫し、一旦指を離して、また圧迫する。この押して離すという「オンオフ運動」を高速で繰り返すことによって、恥骨にバイブレーションを発生させるのです。具体的には、指の第二関節を支点に、約3センチ幅で指先を振幅させてください。

●Gスポット愛撫

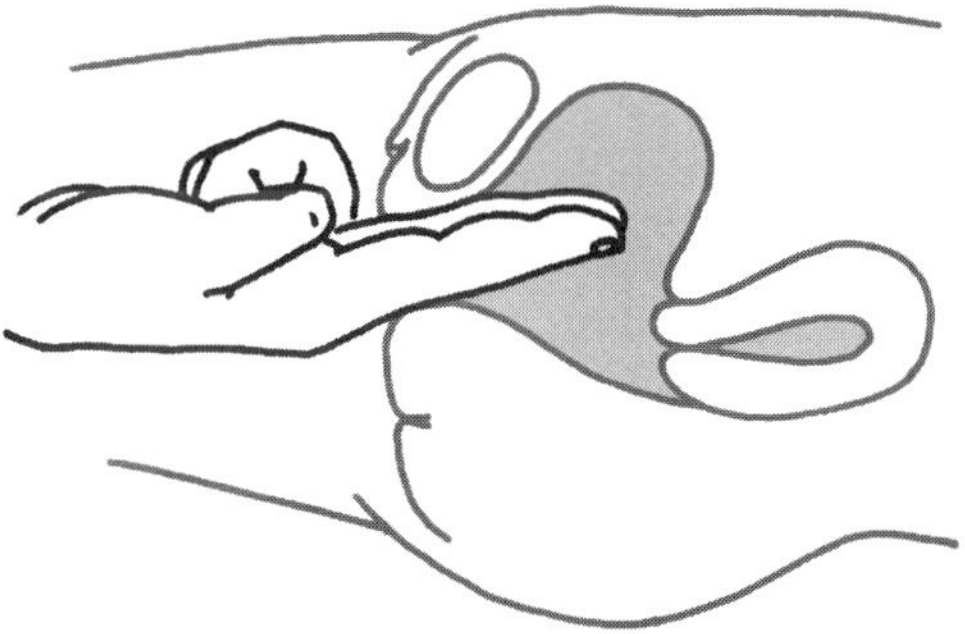

①女性が仰向けでM字開脚をしている正面にポジションを構える。手のひらを上に向けて、人差し指と中指を揃えて、膣に平行にゆっくりと挿入する。

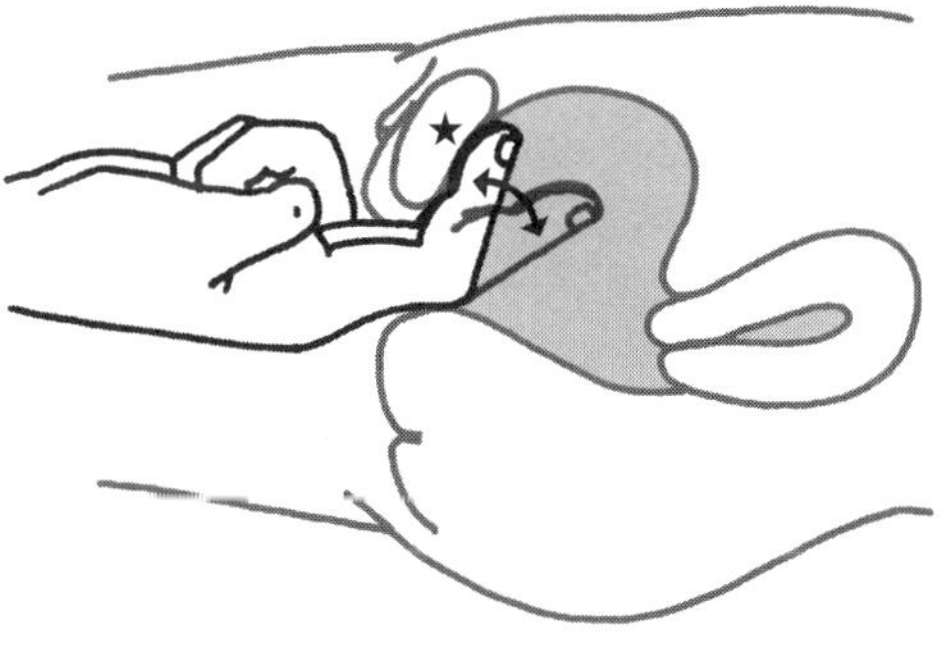

②指が根本まで入ったら、指の第二関節を直角に折り曲げて膣壁を押し上げ、恥骨に指腹を押し当てる。

このとき、くれぐれも、指で膣内を掻《か》きだすような動きはしないでください。女性に恐怖心を与えるだけでなく、膣内を傷つける恐れがあります。あくまでも同じポイントへの圧迫のオンオフです。

アダムGスポット愛撫

さて、Gスポット愛撫をマスターできるようになったら、是非チャレンジしていただきたいのが〝アダムGスポット〟（以下AG）です。場所は、Gスポットの1・5センチ奥にあります。

距離にしてわずか1・5センチの違いですが、女性に与える快感は、Gスポットの比ではありません。個人差はありますが、AGの愛撫を体験した女性は、「Gスポットの3倍気持ちいい」と言います。一言で表すなら、予測不能の快感です。理性が吹き飛び、愛撫を受けている女性自身、自分のカラダがどこに行ってしまうのか制御できなくなってしまう、いわば魔球ナックルボールのごとき驚異の性感帯なのです。

Gスポットの位置から、指腹を恥骨に沿わせて滑らせるように、さらに1・5センチ奥に侵入させた部分がAGです。上壁を押し上げながら、指を上げていく感覚をつかんでください。

愛撫はGスポットと同じく〝恥骨へのバイブレーション〟が基本となります。ただAGスポットの場合はポイントが奥にあるため、指がほぼ伸びた形になります。そこで、振動を発生させるためのオンオフ運動は、支点を第二関節から第三関節（指の付け根）にシフトして行ってください。

AG愛撫には、守っていただきたい約束事があります。それは、まずGスポットを愛撫した後で、AG愛撫に移行するということです。AGは快感のレベルが非常に高いため、いきなりAGを愛撫すると、あまりのインパクトの大きさに女性の神経が耐えられないことがあるからです。

AG愛撫は、非常に難易度の高いテクニックです。スクールでも1回の講習でコツをつかめる受講生は1割以下です。しかし、すぐにできないからとあきらめずに、パートナーの女性への労《いたわ》りの心と気配りを忘れずに、トレーニングを重ねてください。マスターすれば強力な武器になります。

Tスポット愛撫

実は、Gスポットの3倍気持ちいいAGよりも、さらに強力な膣内性感帯が存在します。それが〝Tスポット〟です。Gスポット愛撫の理想形を研究する過程で、私が偶然発見しました。

Gスポットという呼び名が、その発見者であるドイツの産婦人科医、エルンスト・グレーフェンベルク博士の頭文字に由来することに倣《なら》い、徳永の頭文字からこう命名させていただきました。

Tスポット愛撫を行う際には、まず正しい体勢をとることが必要です。正しい姿勢と愛撫法は、次ページをご覧ください。

文字にすると難しいテクニックに思われるかもしれませんが、Tスポットの愛撫は、コツさえ飲み込めば初級者でもすぐにマスターできます。比較的簡単なテクニックにもかかわらず、女性に与える快感は最大級という、魔法のような愛撫法なのです。

Tスポットも激しく愛撫し過ぎると、あまりの衝撃の大きさに快感を通り越してしまう恐れがあります。6〜7割の快感を、休み休み与えるくらいがベストです。

●Tスポット愛撫

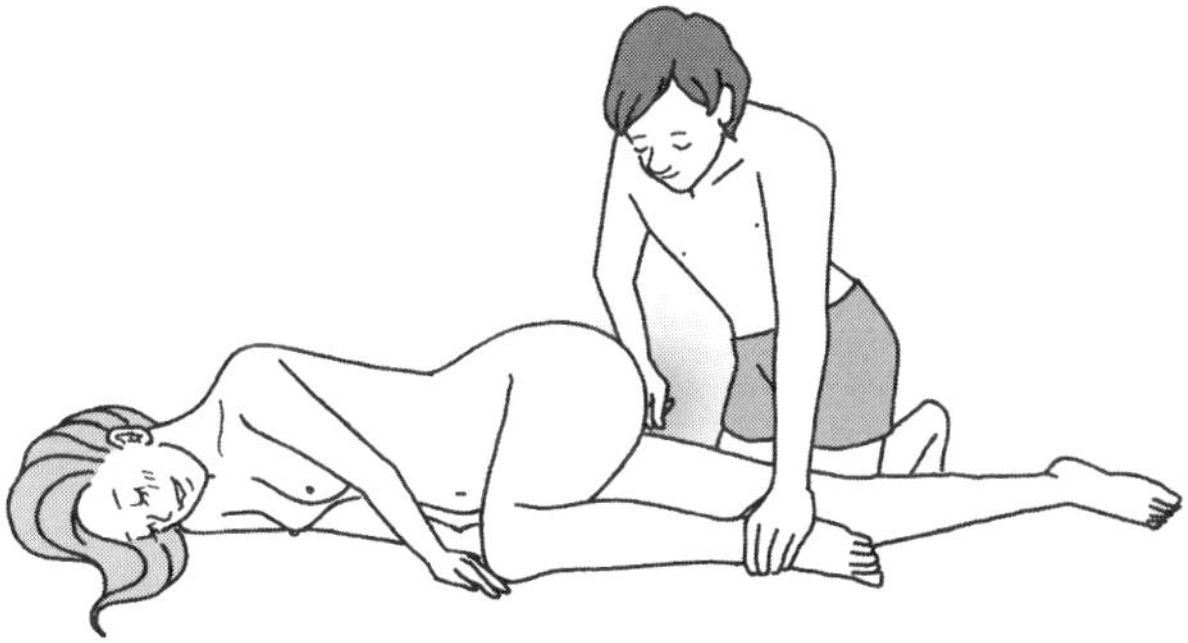

①女性が仰向けでM字開脚をしている状態がスタートポジション。男性が右利きの場合、女性の体を反時計回りに90度回転させて、横向きにする。左脚を直角に曲げて、足首を左手で軽く押さえて固定する。

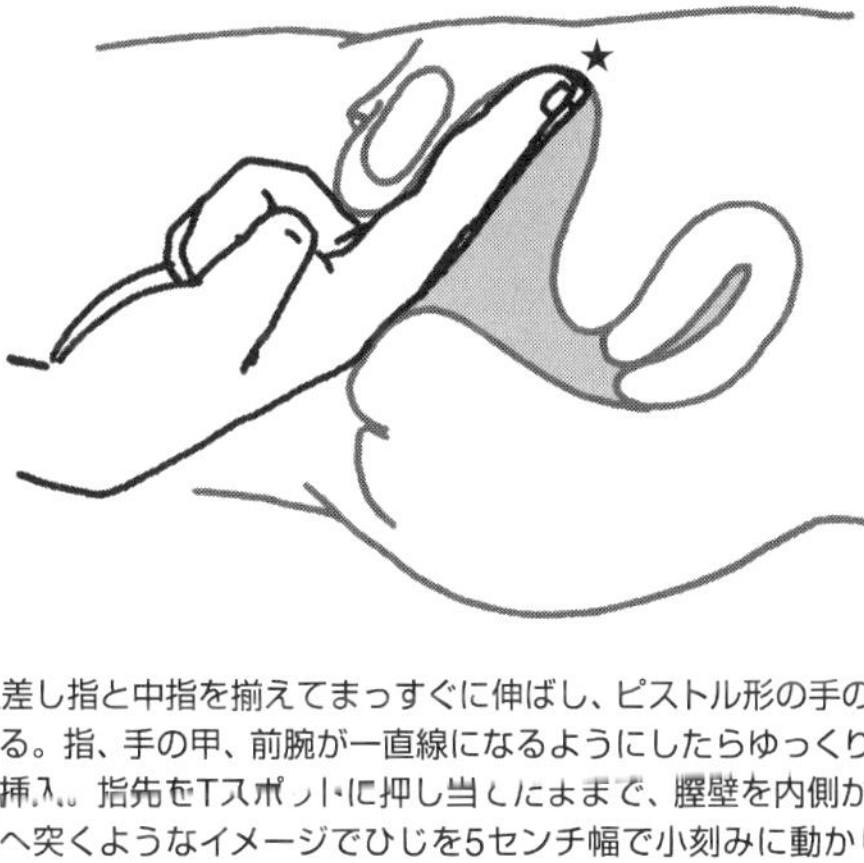

②人差し指と中指を揃えてまっすぐに伸ばし、ピストル形の手の形を作る。指、手の甲、前腕が一直線になるようにしたらゆっくりと膣に挿入。指先をTスポットに押し当てたままで、膣壁を内側から外側へ突くようなイメージでひじを5センチ幅で小刻みに動かし、Tスポットに振動を与える。

5章 大人のための極上スローセックス

公開！　アダム流ラブホテルエスコート術

「日本の男はムードがない」という話をよく聞きます。この意見には私もまったく同感です。欧米人男性と付き合う日本人女性が、その巧みなエスコートにメロメロになってしまうのも、いかに女性にとってムードが大切であるかの証明でしょう。

「それは日本人の国民性だから仕方がない、欧米人みたいにベタベタできない」と開き直っては何の進歩もありません。女性の要求にきちんと応えてあげようとすることは、セックスが上手い男になるための基本条件です。

デートの時からセックスがスタートしていると考えるスローセックスでは、女性のエスコートにかなりの比重を置いています。ただし、欧米のレディーファーストを、そのまま導入しようとは思いません。欧米人男性のサルまねは、キザで滑稽《こっけい》なだけです。

ここでは、私のこれまでの1000人を超す女性との経験から、アダム流エスコート術を公開します。ケースバイケースで様々なエスコートの仕方がありますが、今回は、女性と初めてラブホテルに行く日を想定した30ステップを紹介します。普段私が実践し、数多くの女性たちから、「男性が、みんなアダムさんみたいにしてくれたらいいのに」と、お褒めの言葉を頂戴しているものばかりを厳選しました。

エスコートの基本は、「さりげない優しさ」です。どうでもいいように思えることが、いかに女性の心を開いていくのかという部分に着目してください。

食事からベッドインまでの30ステップ

1　レストランでは、テーブル席で直角に座る

すでにくだけた間柄なら、カウンター席に並んで座るのがベストですが、これから親密な関係になろうとする場合は、変になれなれしくしないためにもテーブル席をチョイスするのがベター。ただし、向かい合って座ると目線が合いすぎて、女性が緊張してしまいます。テーブル席の角を利用して、90度の角度になるように座りましょう。これなら距離も近いので、自然と女性の手に触れることもできます。

2　食事は、女性の食べるスピードに合わせる

普通に食べると、どうしても男性が早く食べ終わってしまいます。これでは女性が

ゆったりと食事を楽しむことができません。女性のスピードに合わせて、ゆっくり食事と会話を楽しみましょう。会話は聞き役に徹すること。女性はおしゃべりをするほど、気分が高揚してきます。お酒が入ると、つい自慢話をする男性がいますが、絶対にNGです。

3　アダムウォークでラブホテルへ

普通に手をつないで歩くよりも、アダムウォークの方がより密着度が高まり、自然と性エネルギーの交流が活発になります。男性が右側、女性が左側の場合、男性は右手を自分の腰の後ろに回し、その手で女性の右手を握ります。左手がフリーハンドになるので、女性の腰やお尻を、歩きながらアダムタッチしてあげましょう。

4　ホテルの入り口は、男性から先に入る

レディーファーストだからと、何でも女性が先は×。女性はラブホに入ることに後ろめたさを感じてしまうもの。女性の手を引いて男性から先に入るのがマナーです。

5　部屋に入るときは男性が後ろ

その日が初めてならば、部屋の前まで来たとしても、女性には1％のためらいが残っています。男性は女性の後ろに回って、右手を伸ばしてドアをあけ、女性の肩を優しく押すようにして、女性を部屋の中に誘いましょう。

6　テレビのＡＶを消す

部屋に入って最初にすることは、テレビのＡＶを消すこと。ＡＶは女性の興奮を高めるどころか、盛り上がった気持ちを一気に現実に引き戻してしまうからです。同様に、カラオケやゲームも雰囲気を台なしにします。

7　有線放送でジャズを流す

ムーディーな演出に欠かせないのが音楽。オススメはジャズです。有線放送の「Ａ13」は、ゆったりとした時の流れを演出してくれます。

8　ハンガーに上着をかけてあげる

普段は、「女性→男性」の場合が多い行為を、逆に「男性→女性」にすることで、女性をお姫様気分にしてあげることができます。

9　「何か飲む？」とドリンクをすすめる

さりげない優しさと気配りに、女性は自分が大切にされているという実感、すなわち男性からの愛を感じるのです。

10 バスタブにお湯をために行く

お湯の温度の設定は、ややぬるめの40度に。せっかくの楽しいバスタイムにのぼせてしまっては、後が台なしですから。

11 少し距離をとって会話を楽しむ

バスタブにお湯がたまるまでは、会話を楽しみ、女性をリラックスモードに。このとき、あえて少し離れて座ることで、バスタブでの接触がより刺激的になるのです。

12 「一緒にお風呂に入ろうね」と混浴をうながす

女性の中には、一度も男性と一緒にお風呂に入ったことがない恥ずかしがり屋さんもいます。これからの予定を伝えると同時に、この一言で、女性に覚悟を決めさせます。

13 バスタブのお湯を確認する

14 バスタオル、ガウン、歯ブラシを袋から出してセットする

ラブホでは、消毒済みのコップや歯ブラシなどが、ビニール袋に入れて置かれてい

ます。女性の分も外して、使いやすいようにセットしておきましょう。男性が思う以上に、女性は感動してくれます。

15　男性から先に歯を磨く

メイクラブの前の歯磨きは、最低限のマナーです。2人で一緒に歯を磨くときは、必ず男性の方が先に磨き終えること。口をゆすぐ姿を見られたくない女性への配慮です。

16　ベッドサイドでガウンに着替える

17　男性が先にバスルームに入り、女性に声を掛ける

男性が先に入るのは基本です。女性はバスルームに入る前の準備に、色々あるのです。

18　バスルームのライトを暗めに設定する

煌々《こうこう》としたライトで全裸を見られたくない女性への配慮と、ムーディー&セクシーな演出の一環としてぜひ行ってください。バスルームのライトが調整できない場合は、ライトを消して、洗面所からもれる光を間接照明として使いましょう。

19 女性が来るまでに体をさっと洗い流し、湯船に入って待つ

20 女性が入ってきてもジロジロ見ない

これはマナーというよりも鉄則です。ジロジロ見られると、女性は品定めされているようで、嫌な気分になります。相手が妻であっても同じです。

21 後ろ抱っこになるように、女性をバスタブに誘う

後ろ抱っこは、女性が安心感を覚え、男性に身をゆだねたくなる魔法の体勢です。

22 女性のカラダを褒める。軽い抱擁から、自然に愛撫へ移行する

初めて裸で触れ合う場面では、「肌がツルツルだね」「胸の形がいいね」など、必ず女性を褒めてあげましょう。耳元で囁《ささや》くように褒めるのがコツです。※愛撫は4章参照。

23 愛撫後は、バスタブでリラックスタイム

24 男性から先にあがる

「先に出て待ってるから、ゆっくり体を洗っておいで」と、声をかけてあげましょう。

25　ベッドルームのライトを暗めに設定

ほとんどの女性が、部屋の明かりは暗めを希望しています。女性に「暗くして」と言わせるのは精神的な負担をかけることに。最初から希望を叶えておいてあげましょう。

26　コンドームを取り出し、凸面を上に向けて準備しておく

ちゃんと避妊の意志があることを形で伝えます。何かひとつでも心配ごとがあると、女性は安心して官能モードに移行できないのです。

27　パウダーとマッサージオイルを枕元にセット

アダムタッチ用のベビーパウダーと、長時間交接でも痛くならないためのマッサージオイルは、スローセックスの必需品です。

28　布団を半分はいだ状態で横になって、女性を待つ

29　お風呂場と洗面所のライトを消してもらい、ベッドに誘う

30　唇が触れるか触れないかの、優しいキスでスタート

衣服はスローに脱がせる

前項では「食事からベッドインまでの30ステップ」を学んでいただきました。マスターできた方は、応用としてこんなテクニックも身に付けてください。

今あなたは、意中の女性を見事くどき落としてホテルの一室にいます。互いの気持ちは最高潮に盛り上がり、彼女はあなたを潤んだ瞳で見つめています。さあ、あなたはどうしますか？

キスをする。はい、結構です。キスをたっぷり楽しんでください。

彼女の興奮はさらにアップしました。もう彼女は待ち切れないといった表情であなたの次の行動を待っています。さあ、あなたならキスの次に何をしますか？

服を脱がせるに決まっているじゃないか、と答えた方は、ちょっと待ってください。服を脱がせるタイミングが早すぎます。セックスの上手い男は、すぐに衣服を脱がさないのです。

理由のひとつは、いわゆる〝じらし〟による効果ですが、それだけが理由ではありません。セックスの上手い男は〝着衣のままでの愛撫〟が、どれほど女性の性的感受性を高めるかを熟知しているのです。

例えば、まったく同じテクニックを使って胸を触ったとしても、全裸の状態で触るのと、シャツのボタンの隙間《すきま》から手を差し入れて触るのとでは、女性の感覚はまったく異なります。なぜか？　それは、女性の想像力の働き方が違うからです。

男性の場合でも同じことが言えます。こんなペニスの愛撫法をイメージしてください。ズボンの上から股間を撫《な》でまわされ、チャックの間から手を差し入れられてパンツの上からペニスを愛撫され、ズボンを脱がされてもパンツははいたままの状態で、さらにパンツの隙間から手を入れられて……。

言うまでもなく、スッポンポンの状態でいきなりペニスを咥《くわ》えられるのとでは、興奮度のレベルは雲泥の差です。

我々は、日常生活では服を着ています。当たり前のことです。セックスの時は、服を脱ぎます。これも一般的には当たり前のことです。人間は当たり前のことをしている時には想像力が働きません。着衣での愛撫は、普段は服で隠している部分を触られることになります。この、日常と非日常の絶妙な狭間《はざま》が、脳をエロティックな妄想にかき立てるのです。

面白いのは、普段知的で貞淑な女性ほど、一度スイッチが入ると、妄想エンジンは高速で回転し始めるということです。着衣のままでの愛撫は、女性の理性のブロックを外すために、極めて有効なテクニックなのです。

スッポンポンで始めると間が持たない

ところが中には、服を脱がせるという極めて重要で楽しいイベントを、女性自身にさせてしまっている男性もいます。非常識も甚《はなは》だしい。せっかく、その日のために準備した勝負パンツを、男性に披露するチャンスも与えられず、自分で脱がなければいけない虚しさを想像してみてください。私に言わせれば、ご馳走を犬に喰わせるようなものです。

私の場合、モニターの方と初めてセックスするときは、まず互いにシャワーを浴びます。セックスの前にカラダを清潔にしておくことは、成熟した大人の最低限のマナーと心得ているからです。そんな場合でも、私は必ず、

「シャワーを浴びたら、バスローブを身に付けてくださいね」

と、女性に指示するようにしています。それは、たったバスローブ一枚羽織《はお》っているだけでも、着衣のままの愛撫の効果は十分に期待できると知っているからです。

受講男性からよく、

「前戯の時間を長くしようと思っていても、間が持たない」

という相談を受けますが、スッポンポンでヨーイドンするから、間が持たないのです。服の上から愛撫し、服の中に手を入れて愛撫し、そのまま一枚一枚ゆっくりと衣服を脱がせていくという手順を踏めばいいのです。間が持たないどころか、気がつけばあっという間に楽しい時間は過ぎています。

余談ですが、私など、ホテルにチェックインして、やっとお互い生まれたままの姿になったと思って、ふと時計に目をやると、1時間があっという間に経過していたという経験が何度もあります。ジャンクセックスの毒がまわっている男性にはなかなか理解しがたいかもしれませんが、互いに妄想の世界に夢中になって遊んでいると、1時間や2時間はあっという間なのです。

女性の衣服はゆっくりとスローに脱がしましょう。衣服を脱がすという行為を、もっともっと楽しんでください。

若い女性に評価の高いオヤジテクニック

20代半ばあたりの若い女性たちと話していると、20歳近く年の離れた大人の男性との恋愛にハマっているケースに、しばしば遭遇します。前に述べた「枯れ専」女性もその一例です。概して不倫関係が多いため、関係は長続きしないことが多いのですが、注目すべきは、一度オジサンに魅せられた女性たちは、次もそのまた次もと、大人の男に病みつきになってしまうパターンが多いのです。

そんな彼女たちに、オジサンの魅力とは？　と聞いて返ってくる答えは、ズバリ「お金とセックス」です。同世代の男性が相手だと、チェーン店の居酒屋デートでも割り勘が当たり前のご時世に、高級レストランに連れていってもらえる特典は嬉しいことでしょう。

さて、気になるのはセックスの評価です。彼女たちは、まず「オジサンはガツガツしていない」と、大人の男性の余裕を高く評価します。若い頃の自分を思い出して頭を掻《か》く方も多いと思いますが、若い女性にとって、同世代の男性のガツガツぶりは目に余るものがあるのです。大人の余裕は、まさに男性力の賜物です。

次に賞賛を浴びるのが、「ねちっこい愛撫」です。これも、自分がフェラチオしてもらうことと、挿入のことが頭の大部分を占める若い男性との相違点です。ねちっこくて長い、いわゆるオヤジテクニックと呼ばれる愛撫は、ある程度の男性経験を経て、女性としての喜びに目覚めてきた時期の女性たちを虜《とりこ》にするようです。

一度オヤジテクニックを経験した女性は、濃い味付けに慣れてしまうと二度と薄味に戻れないように、若い男性の淡白な愛撫に愛想を尽かし、大人世代とのセックスにハマってしまうのです。

全身ナメナメの限界

こうした現象は、同じ世代の男性として私も頼もしく感じます。

ただ、私の目から見ると、オヤジテクニックにも限界があります。

こんなケースがありました。幸子さん（仮名・30歳）は、23歳の頃から4年間、バイト先のレストランのオーナーと不倫関係にありました。彼は当時51歳で、父娘ほど年が離れていましたが、彼女は、

「半日間、ぶっ通しでセックスをしても飽きないほど、彼のセックスは最高でした」と言います。その彼と別れた後、彼以上のセックスを味わわせてくれる男性とめぐり合うことができず、悶々《もんもん》とした日々を送っていた彼女は、「もう一度、とろけるようなセックスがしたい」と、私の元を訪れたのです。

私は興味津々で、彼のテクニックがどんなものだったのかを彼女に聞いてみました。

「何時間でも、私の全身を舐めてくれたんです」

「うんうん、それから？」

「えっ？　あの～、それだけですけど……」

オヤジテクニックと呼ばれる愛撫は、そのほとんどが、口や舌を使った愛撫に終始します。ここに限界があります。女性の性感帯に、理想的な刺激を的確に供給するには、口よりも指の方が圧倒的に優れているのです。

私は、幸子さんにアダムタッチを試してみました。

「ああ……あ〜ん!!」

愛撫にもっとも適しているのが指であることを証明するのに、5分とかかりませんでした。

「今の快感がずっと続くとしたら、どう?」

「もう最高です、病みつきになっちゃいます。もっとして、先生、お願いっ」

若い女性を虜にすることもあるオヤジテクニックですが、〝舐める〟という愛撫ばかりを多用することで、自らセックスの可能性に限界を作ってしまうのはとてももったいないことです。女性のメカニズムを熟知した私が開発したアダムタッチをマスターして、限界を突破してください。

唾液はセーブするのが紳士のたしなみ

前項ではオヤジテクニックの限界について言及しましたが、ここではもっと具体的に、セックスの間違いを指摘していきます。

まずは〝ねちっこさ〟について。オヤジテクニックのねちっこさは、若い女性から支持を集める一方で、「気持ち悪い」とまったく逆の評価を下されるケースが多々あります。つまり、いいねちっこさと、悪いねちっこさがあるのです。上品でソフトなねちっこさと、下品で汚らしいねちっこさと言えば、わかりやすいでしょうか。

原因は、エロとエロスの取り違えにあると考えますが、具体的には唾液の使い方に問題があります。何から影響を受けたのかわかりませんが、とにかく唾液をたっぷり出すことが、女性のいやらしい感情を喚起させると思い込んでいる男性が少なくないのです。キスの時に、自分の唾液を女性の口に逆流させる。女性の顔が唾液でベチョベチョになるまでベロベロ舐めまわす、などが典型です。私が女性から聞いた最悪のケースには、「耳の穴の中に、唾液を注入された」といったものもありました。聞いているだけで私まで気持ち悪くなりました。

当人はムードの演出のつもりなのでしょうが、大量の唾液は例外なく女性を気持ち悪がらせます。それに唾液は、乾くと異臭を発して、否応《いやおう》なしにセックスのムードを壊してしまいます。せっかく「この男性なら抱かれてもいい」と盛り上がった感情も、タバことお酒の入り混じった臭い唾液が、一瞬にしてかき消してしまいます。

自然と出てくる唾液をあえてセーブするくらいの紳士的配慮を持つことが、本当のオヤジテクニックだと心得ましょう。

オッパイを吸われる女性の本音

女性の興奮を誘う演出の誤解について言えば、前述の幸子さんの彼のように、とにかく全身を舐めまくることが、正しいオヤジテクニックだと信じて疑わない人がいます。

わかりやすい例を出せば、女性の足の指にしゃぶりついて、ご丁寧に一本一本ベロベロ舐めまわすという行為です。これも本人は、「どうだ、こんなこと、誰からもされたことないだろう」と意気揚々《いきようよう》ですが、女性にしてみれば気色悪いだけです。興奮が音を立ててすーっと引いていきます。見方によっては、変態丸出しです。心の中でそう思っていても、心優しき大和撫子《やまとなでしこ》たちは本音を口にしないだけだということに、早く気が付かなければいけません。

ことのついでに申し上げれば、目の色を変えてオッパイに吸いついている男性を、多くの女性たちは冷ややかな目で見ています。「私のオッパイでこんなに喜んでくれるなんて、母性本能をくすぐられちゃう」などと思ってくれる女性は極めて少数派で、ほとんどは「せっかく楽しそうにしてるんだから、放っておくしかないか」と、半ば呆れているのです。

女性という生き物は、ウソでもいいから〝美しく愛されたい〟ものです。この女性心理を理解しなければ、本当に濃密でエロティックな行為には到達できません。

どんな女性も敏感体質にできる

感じることを楽しむスローセックスを最大限に活用するコツは、「7割の快感」を味わう気持ちを持つことです。

「そんなに低い目標設定で上手くいくのか？」と、疑問に感じる人もいるかもしれません。確かに、ビジネス本にはよく「目標は大きく」と書いてあります。けれども、目標を立てただけでは成功できません。目標を達成するためには〝逆算して考える力〟が必要なのです。

お金の話を例に出すのが一番わかりやすいのですが、例えば「1年で100万円貯める」という目標を立てたとします。すると1カ月に貯めなければいけない金額は、100万÷12カ月で、約8万3000円です。1日では100万円÷365日で約2700円となります。100万円という大きな数字も、1日に直せば2700円という小さな数字になるのです。これが逆算です。

成功する人は、小さな目標を365日間継続すること以外に成功の道はないと知っています。一般の人は成功者を夢多きチャレンジャーとイメージしがちですが、私の知る限り、多くの成功者は合理主義者でリアリストです。

男性は、感じやすい女性が大好きです。けれども、すべての女性が最初から敏感体質というわけではありません。感じやすい女性とセックスを楽しみたいのなら、パートナーの女性を感じやすい体質に育てなければなりません。それは男性の使命でもあります。女性を感じやすい体質に変身させる唯一のメソッドが〝全身の性感帯を隅々まで愛撫する〟という方法です。

ではあなたが、その方法を実践してみることにしたとします。頬、あご、うなじ、肩、鎖骨、二の腕、脇腹、腰、背中、お尻……。性感がまだつぼみの状態にある女性からは、大きな反応は返ってきません。時折、「ウウン」と小さな反応が返ってくればいい方で、無反応としか思えない時の方が多いかもしれません。

ここでつまらないといって途中でやめてしまったら、愛する女性を敏感体質に変えるという〃男の夢〃は永遠に叶わないのです。

あきらめずに継続していれば、必ず、それまで無反応だった部分から反応が返ってくるようになり、小さな反応が中くらいの反応に変わるといった小さな変化があらわれてきます。そこに喜びと感動を見いだせるか否かが、達人と凡人の違いと言っても過言ではありません。

7割の快感を楽しむセックスを、コツコツと続けるとどうなるか？　目には見えませんが、女性の体内には性エネルギーが蓄積されていきます。全身愛撫からクリトリスの愛撫に移る頃には、女性の体には性エネルギーがパンパンに溜まった状態になっているのです。

ですから、クリトリスにほんの少し触れただけで、全身が激しくビクンッ!!　とのけぞってしまうほどの強烈な快感を、女性に与えることができます。また、愛を込めて優しく撫で続けることは女性に安心感を与え、癒しとなる側面もあるのです。

生まれつき敏感な女性とセックスできたらラッキー。感度の鈍い女性だったら残念……。そんな行き当たりばったりのセックスでは、いつまで経ってもセックスの上手い男にはなれません。

正しい知識とテクニックで、気持ちいいセックスを逆算して考えられるリアリストになってください。

男だって喘いでみる

大人世代の読者の中には、「男子たるもの、喘ぎ声を出すなんてみっともない」と、考えている方が多いのではないでしょうか？

喘ぐことは、決して女性だけの特権ではありません。性のタブーが日本人のセックス観を固定化させ、セックスの価値を低下させてきたように、「してはいけないもの」を自分の中で増やすことは、それだけセックスの気持ち良さや楽しさを目減りさせてしまうことにつながるのです。

男だって喘いでいい、いえ、男こそもっと積極的に喘ぐべきです。朝、近所の方に元気良く「おはようございます」と挨拶した時、向こうもにっこり笑って「おはようございます」と言葉を返してくれると、それだけで晴れやかな気分になります。逆に、こちらが挨拶をしたのにムスッとしたような態度をとられると、いい気持ちはしません。

セックスの喘ぎ声もこれとまったく同じです。女性が与えてくれた快感や喜びを全身で表現することは、みっともないことでも、女々しいことでもなく、相手に対するマナーです。

日本人の男性は、男も喘ぎましょうなどとは誰からも教わってきませんでした。しかし、本来なら保健体育の教科書に載っていてもおかしくない、セックスマナーのイロハのイだと私は考えています。

喘ぐことの効能は、私も日常的に経験しています。フェラチオをしてもらう時に、「オ〜ウ、とっても気持ちいいよ〜」「ア〜、最高だよ〜」と、喘ぎ声と言葉で女性に気持ち良さを伝えれば伝えるほど、女性は息遣いが荒くなり、目は爛々《らんらん》と輝き、心の底から楽しそうに無我夢中で手と口を動かしてくれるようになります。

もうこれは、男性への奉仕やサービス精神という意識を超えた領域です。男性の喘ぎ声が興奮を喚起し、女性の性感脳を刺激して、「責め」のスイッチが入るのです。男は責めで女は受け身という関係性が完全に逆転して、フェラチオがサービスではなく、女性自身にとっての楽しみに変わるのです。別の言い方をすれば、男性が喘ぐことによって、女性の「男性性」を引き出すのです。

女になりきって未知の快感を味わう

しかし、生まれてこのかた一度も喘ぎ声など出したことがない、という方も多いでしょう。そんな男性が喘ぐためのコツは何でしょうか？

賢明な読者ならもうおわかりのはずです。あなたが「女性化」すればいいのです。プライドや羞恥心など、セックスの自由にブレーキをかけていた意識をすべて放棄して、女性になりきるのです。「何も、女になりきらなくても」という声が聞こえてきそうですが、そんな中途半端な志ではいけません。「今からプライドを捨てましょう」「ハイ、捨てました」というほど、プライドを捨てることは簡単ではないのです。

フェラチオをしてもらっているときは、女性が舐めたり触ったりしてくれているのはペニスではなく、クリトリスだとイメージするのです。「今、自分は女性になって、クンニされている」と思い込むのです。これが、男性が完全なる受身になるための、唯一のメソッドです。

私は射精のときも、「ウオオオオ～!」と、雄叫《おたけ》びのような喘ぎ声を発します。演技ではありません。スローセックスによって体内に性エネルギーが満ち溢れた状態での射精は、大きな声を出さずにはいられないほどの爆発的な快感を伴うからです。

私と初めてセックスした女性は、その瞬間、皆さん驚きます。初めての経験でしょうから、当然の反応です。しかし、

「私の中でアダム先生があんなに気持ち良くなってくれたのかと思うと、とっても嬉しい気持ちになりました。女性としての自信がつきました」

と、喜びの報告をしてくれるのです。

今まで喘ぎ声を出すことに抵抗があった男性は、ぜひとも今夜から喘いでみてくださ

い。女性の反応が、前夜までとはまったく変わってくるはずです。

アナル舐めで、一段上の関係へ

隠し事の多い人や、裏表のある人とは、良好な人間関係が築けません。これはセックスの場合も同じで、互いに隠し事があるようでは、濃密な人間関係を構築することはできません。互いにありのままの自分をさらけ出し、タブーのない破廉恥《はれんち》な世界を構築していくことで、セックスは本来の自由を取り戻していくのです。

一般的なセックスにおける隠し事の最たるものが、アナルです。大便を排出するアナルは女性にとって一番見られたくない〝禁忌《きんき》の場所〟として定着しています。しかし、あまり知られていないことですが、実はアナルは乳首よりも高感度な性感帯なのです。本当に相手のことを理解するためにも、未知なる快感を手にするためにも、一刻も早く禁忌の扉をこじ開ける必要があります。アナルに興味を示すのはアブノーマルなことではなく、互いの絆《きずな》をより強くするための、楽しいイベントだと頭を切り替えるのです。

まずはソフトなところから、お互いに〝アナル舐め〟ができる関係を作りましょう。

ソフトと言っても、アナルを一度も触らせたことがない女性の抵抗は、半端なものではありません。

女性をその気にさせるための秘策は、まずあなたのほうから、女性にアナルを舐めてもらうことです。ベストタイミングは、フェラチオをしてもらっている時です。恥ずかしがらずに、「お尻の穴も舐めて欲しい」とストレートに気持ちを伝えます。その際には、男性は、女性がアナルを舐めやすいように、両脚を上にあげた体勢をとってください。

初めての場合は、かなり恥ずかしいポーズと感じるかもしれません。でも考えてみれば、そのポーズは、正常位の時の女性の姿勢なのです。今こそ、女性になりきって喘ぐ時です。いかにアナルが高感度な性感帯であるかを、あなたが自分の体でプレゼンテーションしましょう。それが、女性からタブーと羞恥心を取り払う近道です。

女性がアナルに対してどの程度好奇心を持っているかを探る方法を、ひとつ紹介します。女性を横抱きにして、腰付近を十分にアダムタッチした後、お尻に指を移動させます。尾てい骨からお尻の谷間にかけて指を何度も往復させつつ、徐々にアナル方面に指を近付けていって反応を確かめるのです。

反応がいいようなら、アナルには触れないように注意しつつ、アナルの真横に指を立ててお尻のお肉をギュッと持ち上げるようにして、アナルを露出させてみましょう。Mっ気のある女性なら、バーチャルな陵辱感《りょうじょくかん》に、それだけで歓喜の声をあげてしまうはずです。

男性には「男はスケベ」の自覚があり、女性も口では「男はスケベ」と言います。しかし、さまざまな女性とフィールドワークを重ねれば重ねるほど、私の中で確かなものになっていくのは、男以上に「女もスケベ」ということです。女性からヤックスの話をするのははしたないという社会的バイアスのため、本音を口にできないだけで、実際には「アナルを愛して欲しい」と思っている女性は、決して少数派ではないのです。

自信と固い決意を持って、禁断の扉にチャレンジしてください。そこに、本当の愛の世界への入り口はあるのです。

スローセックス＝長時間セックスではない

最近では、スローセックスという言葉が多くの方に親しまれるようになってきました。そのこと自体はとても嬉しいことなのですが、一方でスローセックスに対する間違ったイメージを抱く方も多いようです。

その典型とも言えるのが、長い時間をかけなければスローセックスに非《あら》ず、という間違った解釈です。

例えばこの私。雑誌の取材記事などではどうしても、「セックスに3時間以上かけるのは日常茶飯事」といったコメントがクローズアップされるため、一般の方には私が常に前戯に1時間以上かけていると思われているようです。

これはまったくの誤解です。前戯に3時間以上かけることもあれば、ほとんど前戯なしで交接に及ぶこともあります。

スローセックスをよくご存知ない方にそのような話をすると、「エッ？」とびっくりされたり、時には、

「前戯なしで挿入だなんて、スローセックスの提唱者がジャンクセックスをしていいん

ですか⁉」

と、お叱りを受けることもあるのですが、そもそも、スローセックス＝長時間セックスではないのです。

時間というキーワードを使うとするなら、スローセックスは、時間に縛られないセックスです。3時間以上かけなければ正しいセックスではないとするのなら、それは忙しい現代人の日常生活にまったくマッチしないセックス指南になってしまいます。

さらに言えば、ベッドの上だけがセックスではありません。日常生活の中でも、愛と性を意識し続けること。それが大きな意味でのスローセックスの定義なのです。

多くの男性が〝前戯〟はベッドの上から始まると考えていますが、スローセックスはデートの時から始まっています。映画を楽しみ、手をつないで街中を散策し、見つめ合って食事をする……。こんなありふれた日常の行為で、女性が下着を濡らしてしまうことは珍しくありません。つまり、服を脱ぐ前から、実質的には前戯が終わっている状態です。

ですから、ホテルの部屋のドアを開けるやいなや、いきなり交接から入ることだって当然ありえるのです。すでに女性の気持ちは十分に盛り上がっているのに、そこでまた一から前戯を始めたのでは、逆にムードを冷ましてしまいます。同じ前戯なしでも、女性の気持ちが昂《たか》ぶっていないのに、本能にまかせて挿入してしまうジャンクセックスとは、まったく異質な行為です。言うなれば「ワンポイントセックス」といったところでしょうか。

交接に対する意識も、ジャンクセックスとは180度違います。ジャンクセックスは強い快感を目的にしますが、ワンポイントセックスの最大のテーマは〝一体感を楽しむ〟ことです。愛し合う二人の肉体と心が強く結び付いて、完全にひとつとなった状態。その感動を共有できる喜びと幸福。意識をそちらにシフトするだけで、まったく違う世界が見えてくるのです。

拙速《せっそく》に即物的な快感を求めないことが大前提ですが、ワンポイントセックスは、忙しい現代人にピッタリな、スローセックスのバリエーションです。

朝勃ちを利用した〝モーニングセックス〟

とくに大人世代のカップルにオススメしたいワンポイントセックスが、朝勃《あさだ》ちを有効活用した〝モーニングセックス〟です。

朝、隣でまどろんでいる奥様や彼女の下着を脱がせて、前戯なしで交接します。まだちゃんと覚醒していない女性のカラダに負担をかけないためにも、体位は側位がオススメです。この場合は、挿入をスムーズに行うために、潤滑油としてのマッサージオイルを必ず使用してください。挿入はゆっくりと。激しいピストン運動はしません。

一番の目的は、一体感を楽しむことです。腰を動かすというよりも、女性を抱きしめて、たゆたうように体を揺らす程度の微妙な動きをメインにします。これだけでも性エネルギーの交流が起こり、相手も淡い官能を示すようになるはずです。

そしてここからが大切なのですが、最後まで淡い官能を楽しんでください。つまり、絶頂や射精を目指さないのです。ここが、若年層のカップルにありがちな、男性の朝のムラムラを女性にぶつけ、マスターベーションの道具にしてしまうジャンクセックスとの大きな違いです。大人の男性の場合は、射精をすると逆に疲れてしまうこともあります。射精をしないで、女性からその日一日の活力をもらうような感覚で、ぜひ実践してみてください。

もちろん、モーニングセックスによって、女性のカラダに火がついてしまうこともあるでしょう。その場合は、「じゃあ、会社から帰ってきてからね」と、優しい言葉を残して家を出て、その夜はワンポイントではなく、フルコースをプレゼントしてあげることをお忘れなく。

「前戯↓挿入↓射精」という固定観念の呪縛から自由になれるのも、大人の男性の特権ではないでしょうか。

「連ドラ・セックス」のすすめ

3章で、私の普段のセックスでは、毎回は射精していないという話をしました。これまで、射精がセックスのゴールだと思い込んでいた男性には信じられないかもしれません。

セックスで射精をしないと、どうなると思いますか？　次の機会までセックスが続くのです。テレビの連続ドラマを見ているような感覚といえば、なんとなくわかっていただけるでしょうか。前のセックスの余韻が残っているため、ドラマの続きが気になるような感じで、次のセックスが楽しみになるのです。

実際に、射精しなかったことで前回のセックスのときに造成した性エネルギーが蓄えられていますから、より高い性的欲求と感度をキープしたままの状態で続きのセックスがはじまります。当然、セックスの内容も濃くなり、自然と満足度もアップします。

私は射精をしないセックスを続けることを「連ドラ・セックス」と名付け、特に大人世代に推奨しています。男性は射精すると、その瞬間にストンと性欲が落ちます。10代や20代の若い頃なら落ち幅も小さく、短時間で復活できます。しかし、私自身も実感していることですが、年を重ねるごとに性欲の落ち幅が大きくなり、元の状態に回復するまで長い時間がかかります。

連ドラ・セックスの最大のメリットは、性エネルギーを蓄積していくことで、若い頃のような猛々《たけだけ》しい性欲を保持することができるということです。男性が毎回、高いモチベーションでセックスに臨めることは、女性側にとってもうれしいことです。

私も実践している連ドラ・セックスを、ぜひ一度お試しください。

6章 女心に火をつける ベッド以前のテクニック

男選びは「本質を求める時代」へ

今、若い女性たちの間で、大人の男性の人気が高騰しているのは前述の通りです。最近は、自ら「枯れ専」や「オヤジ好き」を公言する若い女性が本当に増えてきました。強いオスを求める女性の嗅覚は、男性の真価にしっかり気が付いているのです。

ホリエモンが時代の寵児《ちょうじ》ともてはやされ、ヒルズ族なる人種の人気が高騰していた頃とは、もう時代の価値観が変わってきています。アメリカ発世界同時株安に端を発する、100年に一度の経済危機を経験して、完全に時代の潮目は変わりました。物欲に振り回される時代から、「本質を求める時代」への大転換です。

当時、紙面に躍《おど》った「虚業と実業」というキーワードを借りれば、大人世代の男性力は、まさに実業なのです。若い読者には申し訳ありませんが、どれほど髪型やファッションでイケメンを粉飾しようとも、本質である中身が頼りなければ、若い女性の目には虚業に映るのです。

援助交際ブームを経験し、オジサンへの抵抗が減少している社会背景の中で、若い女性たちの浮動票の多くが、今、大人の男に流れているのです。

大人の男にとって、今は、100年に一度のチャンスです。このチャンスを生かすも殺すもあなた次第です。くたびれた中年サラリーマンのまま定年を迎えるのか？　それとも、若い女性たちからエネルギーをもらって、仕事のデキるビジネスパーソンとして有意義な時間を過ごしたいのか？　決めるのはあなたなのです。

しかし、オヤジなら誰でもモテるというわけではありません。ここからは、チャンスをつかめる男になる秘訣、平たく言えばモテテクニックについて、述べていくことにしましょう。

フラれた女性に5回アタックできるか

モテる男性は、総じて社交的です。もっとかみ砕いて言えば、自分の方から相手に声を掛けることができる人です。

彼らは、人によって態度を変えません。自分の好みのタイプだけに優しいのではなく、オバサンにも、オジサンにも、子供にも、お年寄りにも等しく心配りをして、接することができるのです。

逆から考えるとわかりやすいのですが、モテない男性は、モテる男性と反対のことをしています。つまり、「相手の方から声をかけてくれるのを待っている」し、「相手によって態度を変える」のです。だから、結果として社交的にならないし、人から好かれるための能力も魅力も育たないのです。

異業種間交流パーティーに出席したのに、「結局、誰とも話ができませんでした」と何もしないで帰ってくる人がいますが、私にはまったく理解できません。また、これは中高年に多いのですが、レストランなどで、若い女性の店員さんに対して見下すような物言いをしている男性の心理も、まったく理解できません。心の貧しい人だなと思うだけです。心根の貧しい人が女性にモテないのは、当たり前のことと言わざるを得ません。

モテる男性も超一流クラスになってくると、社交的なレベルを飛び越して、図々《ずうずう》しいまでに大胆です。一度フラれた女性に対しても、フラれたことを忘れたかと思うくらい、平気で2度目、3度目のアタックをかけます。心が折れないのです。「行動しない限り、女性の気持ちを振り向かせることはできない」という真理の下に、4度目、5度目とチャレンジし続けます。

そのうち相手の女性も根負けして、「じゃあ、お食事くらいなら」とデートを許され、その一回のチャンスを逃さずに、自分の彼女にしてしまうのです。

この図太さは、男性の誰もが見習うべき点でしょう。ちなみに、ビジネスの成功者も、この種の図太さを持っています。例えば、起業を目指す青年が、超一流企業を一代で築いた社長の著書に感銘を受けて、次の日には社長に起業の教えを乞《こ》うべく、アポも入れずに本社を訪ねたといった話を、少なくとも3人は知っています。3人とも、今では誰もが知っている有名企業の社長です。

この人は自分を成長させてくれる人だ、この人と仲良くなりたい、と思ったら、相手の肩書や立場に畏《おそ》れることなく、すぐに行動を起こす。相手によって態度を変えないとは、つまりこういうことなのです。

好感度アップのソフトスキンシップ

肌と肌とが触れ合うスキンシップは温《ぬく》もりのある愛情表現であり、人間関係を豊かにするための潤滑油です。女性との距離をなくすために、時として言葉以上の効果を発揮してくれるコミュニケーションツールなのです。

飲み会の席でたまたま隣に座った女性に、会話の合の手的に肩やひざをタッチされて、それまでは何とも思っていなかったのに、急にその女性のことが気になり始める……というのは、どなたも経験があることでしょう。

実は女性は、五感の中でも特に触覚の感覚が発達しています。ですから、男性が考えている以上に、スキンシップは女性をその気にさせるのに有効な手段なのです。

大いに活用すべきですが、スキンシップにも正しいテクニックやマナーがあります。まず、十分に考慮すべきは、女性との距離感、間合いです。

パーソナルスペースという用語を聞いたことはあるでしょうか？　人間は、普段の生活の中で、他者と一定の距離を保って生活しています。その距離は相手に好意を持っているかどうかや信頼度など、関係性によって短くなったり長くなったりします。動物で言えば縄張り意識のようなものです。

もしも相手の女性があなたに好意を持っていたとしても、手順を踏まずにいきなりパーソナルスペースに侵入してしまうと、不愉快に思われてしまうことがあるのです。知り合って間もない女性であればなおさらです。

まずは、相手が心地よいと感じる距離を保ち、次第に相手のパーソナルスペースを狭めていくことが肝要なのです。

あえてパーソナルスペースに飛び込むことで、女性の心をわしづかみにする方法もありますが、それは上級テクニックですのでここでは触れません。それに、基礎固めがしっかりできれば、おのずと応用編も見えてくるはずです。

さて、問題のスキンシップですが、常に心掛けておくべきはさりげなさです。女性はさりげない優しさに弱いのです。タクシーから降りる時にさりげなく手を貸してあげる。混雑したエレベーターに乗った時に、さりげなく肩を抱いて引き寄せて守ってあげる、といった要領です。

言うまでもありませんが、下心がみえみえなのは逆に女性との距離を広げます。カラダが目当てだとすぐに見抜かれるからです。もちろん、最終的な目的は男性ならばみんな一緒です。女性も男性に聖人君子であることなど求めていません。女性が求めているのは、紳士的なアプローチなのです。

その気にさせるセクシースキンシップ

ここまでは好きな女性との距離を縮めるケースを想定してお話ししてきましたが、すでに恋人同士の関係にある場合も、きちんとスキンシップをとっているカップルと怠っているカップルでは、セックスの盛り上がりの大きな差となってあらわれます。

先に、女性は触覚の感覚が発達しているという話をしました。一般にはあまり知られていませんが、実は、日常生活レベルでも、女性の肌に触れるという行為はそれだけで、女性に性の種火を植え付けることができるのです。

デートの時に腕を組んで歩く、バーのカウンターで腰に手を回す、お茶を運んできてくれた妻のお尻を触る……。こんなごくごく日常的なスキンシップでも、カップルの間には確実に、性エネルギーの交流が発生します。

その小さな種火は、デートの間に彼女の中で、家事をしながら夫の帰りを待つ妻の中で、エロティックな妄想とともに、次第に大きな炎に育っていくのです。「ああ、早く抱いて欲しい」と。ベッドに場所を移した時、女性の興奮の初速がまるで違ってくるのです。

ベッドの上のテクニックだけが、セックスの上手い男の条件ではないことを示す、ほんの一例です。

セクハラとスキンシップの境界線

今の時代、セクハラとスキンシップの境界線は非常に曖昧《あいまい》です。よって、ご苦労さんと、部下の女性の肩をポンと叩いただけでセクハラになってしまうことは、今では決して極端なケースではありません。「された相手が嫌がったらすべてNG」というのが定義だと心得ておく必要があるでしょう。

男性にしてみれば、せちがらい世の中になったものだと思いますが、それはこれまで男性が女性の気持ちをまったく考えないで、傍若無人《ぼうじゃくぶじん》に振る舞ってきたツケだと割り切るしかありません。

セクハラとスキンシップの曖昧な境界線は、「親切」と「余計なお世話」の関係と似ています。こちらが親切のつもりでした行為も、相手が不快と思えば、余計なお世話なのです。

実は、つい先日、こんなことがありました。打ち合わせを終えて駅に向かう途中、突然雨が降りだしました。その日、私はたまたま折り畳み傘を携帯していたので、雨に濡れずにすんだのですが、ちょうど駅前の交差点に差し掛かったとき、赤信号で止まっている一団の中に、傘を持たず雨に濡れている20代前半の女性が目にとまりました。

私はためらうことなく、

「良かったら、駅まで傘に入っていきませんか?」

と声をかけました。と、彼女は、

「いいえ、結構です!」

という強い否定を残し、その場を足早に立ち去ったのです。表情には警戒心が溢れていました。

事務所に帰って、この話を若い女性スタッフにすると、

「そんなことしたら、ナンパと思われるに決まってるじゃないですか」

「アブナイ人だと思われたんですよ」

といった声の大合唱です。

余計なお世話どころか、危険人物と見なされたことを私はなかばしかたないことと思います。けれども、こうした機会に常に思い出すのは、マザー・テレサが残した、

「平和の反対は戦争ではなく、無関心」

という金言です。自分に火の粉が降りかからないように人との関係を避け、無関心になることは、何よりも愚かなことなのです。

私は、自分の親切が通じなかった彼女に憤《いきどお》りの気持ちはありません。逆にこのことで勉強させてくれた彼女に感謝します。

もし私が同じ状況に出会えば、また女性に声をかけるでしょう。でも方法は変えます。そしてまた、女性に嫌な顔をされたとしても、私はめげません。またひとつ勉強したとポジティブに考えます。

スキンシップをセクハラと受け取られないテクニックを、もしも私が持っていたとして、そのノウハウをここに記したとしても、それは何の意味もないことです。大切なの

は本人の気持ちです。行動の中に、優しさや温かさや真心といった、相手を思う気持ちがあるかどうかが肝心なのです。

そのことさえ忘れずに、腹を決めて行動すれば、それほど酷《ひど》い結果にはならないだろうと私は信じています。

「父と母」はセックスレスの温床

近年、帰宅拒否症の夫が増えてきていると聞きます。終電にはまだ間に合うのに、妻の待つ家には帰らず、あえて駅前のカプセルホテルで一晩過ごすサラリーマンや、さして遠距離通勤ではないのに、わざわざ会社の近くに自分用のアパートを借りて、自宅に帰るのは週末だけ、という御仁もいらっしゃるそうです。

30年ローンで手にした夢のマイホームが、夫婦関係の悪化から恐怖の城と化してしまうとは、男性にとって悪夢としか言いようがありません。当然の如く、そうした夫婦はセックスレスです。

一度セックスレスになってしまうと、結婚当初のようなラブラブの関係に戻るのは至難の業《わざ》です。この私をしても、決定的な解決策というものはありません。ですから、セックスレスにならないように、常日頃から夫婦がお互いに努力することが大切なのです。

いつまでも夫婦円満でいるための秘訣は、夫と妻が、日常生活のなかで色々な顔を持つことです。夫婦での役割分担が多様なほど、愛は豊かになるのです。

これには少し説明が必要でしょう。セックスレスの原因でもっとも多いのが、夫と妻の役割が、「父親と母親」に固定化されてしまうことです。

子供を寝かしつけた奥さんが、夫に〝男〟を求めているのに、「明日は仕事で朝早いから、もう寝る」と、家族のために頑張るお父さんを頑《かたく》なに貫けば、妻は〝女〟になりたくてもなれません。夫婦が男と女、いえ「オスとメス」の役割分担を忘れてはならないということは、幸せな家庭を長続きさせるための初歩の初歩です。

円満でいるためには、もっと多くの役割分担が必要です。例えば、少し年の離れた夫婦なら、兄と妹、弟と姉という関係もあるでしょう。甘えん坊の男性なら、息子とママという関係もあるし、その逆に、パパと娘という構図も成り立ちます。夫の得意なことを妻に教える時には、師匠と弟子という役割分担になることもありますし、夫婦揃って何かスポーツイベントに参加する時は、チームメイトという関係も考えられます。

私の知り合いの愛妻家で知られる男性は、奥さんの手料理で晩酌をする時、「小料理屋の女将と常連客」という配役で遊んでいるそうです。成熟した大人の男女だから楽しめる、粋《いき》な遊びです。

役者になったつもりで戯れる

男、夫、父親という3つの役割で形作る三角形をイメージしてください。3つのバランスが崩れてくると、どこかの角が尖《とが》ってきます。角が尖るから、夫婦間に衝突が起こりやすくなるのです。

ここに例えば、甘えん坊の子供という役割が加わると、形は四角形になり、そこにまた別の役割分担が増えるごとに、五角形となり、六角形となりというように、どんどん角が取れて、形が丸に近づいていきます。そうなのです。役割分担の多様性は、人格を丸くしていくのです。

これは、人間性が丸くなれば、夫婦ゲンカも減って夫婦円満に……といった単純な話ばかりではないのです。

夫が、一家の大黒柱としての〝父親〟の役割を果たしている時と、甘えん坊の〝子供〟になって奥さんとイチャイチャしている時とでは、当たり前ですが、発している愛のエネルギーの種類が変わってきます。夫の発するエネルギーが変われば、妻のエネルギーも種類を変えます。

夫婦が様々な顔（キャラクター）を持つことで、愛のエネルギーの種類や流れ方に様々なバリエーションが生まれ、それが複雑に絡み合いながら熟成されて愛の絆が深まっていくのです。

愛の絆を深める努力を怠ると、そのツケがセックスレスとなってあらわれてしまいます。役割分担について、何も難しく考えることはありません。映画俳優になったつもりで、色々な役柄を演じることを楽しめばいいのです。それは、日常生活とベッドの上での潤いに通じます。

ラブホテル、温泉は女性を大胆にさせる

セックスのマンネリは、セックスレスに直結します。ただ、こうした話をすると、とかく男性は新しいテクニックや、変わったプレイのことが頭に浮かぶようですが、往々にして女性が求めているものとは違う方向性に向かっていることが多いのです。

セックスを覚えたての若い女性なら、好奇心も旺盛でチャレンジ精神に溢れていますから、一緒になって喜んでくれるかもしれません。しかし、性的に成熟した大人の女性がセックスに求めているのは〝質〟なのです。もっと具体的に言えば、快感の濃さであり、喜びの深さなのです。変わったプレイをいくつも知っている、一晩に何回やったなどといった〝量〟ではありません。

私は、「懐石料理のフルコースのようなセックスをしなさい」と、これまで色々なところで書いてきました。これは、早くて安いハンバーガーのようなジャンクセックスに対するアンチテーゼです。

実は、懐石料理のフルコースのようなセックスだけが正しいセックスではありません。人間とは贅沢な生き物で、フルコースにしても毎日食べていれば飽きてしまいます。意

外に思われるかもしれませんが、女性が求めるセックスの本質は白いご飯なのです。毎日食べても飽きない白いご飯という基本があって初めて、今日はフルコース、明日はカレーライス、明後日はお茶づけ、たまにはパンもいいよね、といった本当の意味での飽きの来ないセックスを、愛する女性に提供することが可能となります。

白いご飯＝スローセックスという基本をご理解いただいた上で、スローセックス習得を目指していただきたいのですが、何度も言うように、セックスはテクニックだけではありません。女性をその気にさせ、セックスを楽しむためには、テクニック以外の英知が必要となります。

セックスを楽しむために、とても重要な技術のひとつとして覚えて欲しいのは、環境を変えるということです。そういう意味で、ラブホテルは本当にお手軽です。

どうせ同じことをするんだから、自宅のベッドでもラブホテルでも一緒だろうと考える人は、女性心理をまったく理解していません。女性は、ちょっとした変化がものすごく嬉しいのです。自宅のベッドとラブホテルでのセックスがたとえ同じだったとしても（絶対にそうはならないと思いますが）、女性の感じ方が違います。アウトドアで食べるカレーライスがやたらと美味しく感じるのと同じ効果です。環境が変わるだけで、脳の感受性も変わってくるのです。

また、ラブホテルよりもおすすめなのが温泉旅行です。女性は老いも若きも、温泉という言葉を聞いただけで目の輝きが違ってきます。実は昨年、モニターの女性と温泉に行く機会があったのですが、その女性は行きの電車に乗っているときから、期待と興奮で下着をぐっしょり濡らしていたほどです。

温泉旅行は、マンネリ解消にもってこいです。

7章 人生に愛があふれる習慣術

命がけで女性を愛しているか？

男と女はその違いが大きくなればなるほど、引き合う力も大きくなります。女性が「男らしい人が好き」というのも当たり前の話です。

では、男らしさとはいったい何でしょうか？　つい先日、男らしさにまつわる素敵な話を聞いたので紹介します。

近々結婚をする女性が、婚約者の男性について話をしていた時のことです。彼のことは私も知っているのですが、外見的にはあまりモテるタイプではありません。経済的にも不安定で、しかも趣味は海外のひとり旅。彼女の方は、自他共に認めるイケメン好きで、将来設計もしっかりしている女性だったので、ちょっと意外な組み合わせだなと思い、どこが結婚の決め手になったの？　と、つい聞いてしまったのです。

彼女が話してくれた決め手とは、本当に素晴らしいものでした。

「彼は、もしも私が、例えば崖からぶら下がっているだとか、死にそうになった時に、絶対に命がけで私のことを守ってくれる、そう確信が持てたんです。そういう男性に今まで出会ったことがなかったから、こんなチャンスを逃したら一生後悔すると思って、実は、私の方から積極的にアプローチしたんです」

女性が求める男らしさは、彼女の言葉に集約されています。完璧な回答のあとでは、私の言葉など蛇足にしかなりませんが、男らしさとは、命がけで愛する女性を守り抜くという強い決意と覚悟を指すのです。

どんな男性が好き？　と聞くと、ほとんどの女性は「優しい人」と答えます。そのためか、優しさについて勘違いしている男性も多いように見受けます。

男性は優しさのつもりで「好きなものを選んでいいよ」と言っていても、女性には単なる優柔不断な男としか映らないとか、彼女の言うことを何でもハイハイと聞いてあげる男性が、彼女には頼りなく感じるといった具合です。男性自身は、女性に気に入られようと一生懸命に優しく尽くしているつもりなのに、女性の方はそれを、薄っぺらな優しさと感じてしまう。

不幸なギャップの原因はすべて、女性の求める男らしさを、男性が思い違いしていることにあります。女性は、男性から守ってもらいたいのです。それも命がけで。

今の時代、命をかけて女性を守るという場面に遭遇することは、なかなかないでしょう。もちろんない方がいいに決まっています。だからこそ、女性は男性にその気概を見せて欲しいと思っているのです。

それはもう、日々のちょっとした小さなことの積み重ね、つまり愛の蓄積をするしかありません。

例えば経済力はわかりやすい武器です。お金の力で贅沢な暮しをさせてあげることで女性は喜びます。しかし、それは愛の絆を強くする決定打にはなりません。事業につまずいてお金がなくなった途端に女性が離れていくという事実は、数々の事例を持ち出して説明するまでもないでしょう。

恵まれた経済力を、女性を命がけで守るために使えばいいのです。命をかける決意と覚悟があるか否かでは、同じことをしているように見えても、愛の蓄積には大きな開きが出るものです。お金は人生を豊かにする道具に過ぎないというのは、つまりこういうことです。

アダム流「悩む力」

成功するために必須の力は、創造性です。いかにヤル気があってがむしゃらに取り組んだとしても、創造性がなければ女性やクライアントを満足させることはできません。人間は、変化に喜びを覚えるからです。変化や進歩のないセックスは、すぐに飽きてしまいます。自分を飽きさせる人を、のんびりと見守っていこうと思うほど、女性もクライアントもお人好しではないのです。

創造性とは、一部の天才を除き、天から突然降って湧いてくるものではありません。考えるという過程が必要なのです。考えて考えて考え抜いた人だけが、一段高いステージに飛ぶことができるのです。

私も研究を始めてから、スローセックステクニックのある程度の完成を見るまでに14年かかりました。今にして思えば、14年の歳月は、私にとっても、妻にとっても長い滑走路だったと思います。しかもその滑走路は、まったく整備されていない荒地のような土地でした。

風も強かった。妻の承諾を得ていたとは言え、はた目から見れば、結婚している男が妻以外の女性たちとのセックスに明け暮れているわけです。非常識という向かい風と、社会倫理という横風は相当に強いものでした。強い信念だけでは飛ぶことができなかったと思います。

その間、私は悩み考え抜きました。14年間ずっとです。悩むこと、考えることをやめなかったから、時々、ポツリポツリと小さな発見に出会うことができました。小さな発見によってひとつ壁を乗り越えたと思ったら、またもっと大きな別の壁が姿を現す。この繰り返しは今でも続いています。悩み、考え続けることでしか、他の誰かが持たない発想力や独創性を身に付けることはできないのではないでしょうか。

「悩む暇があったら行動しろ」という活字をビジネス本に見つけることがあります。一見、ポジティブ思考でもっともらしく思えますが、この教えには根本的な誤りがあります。

人間とは悩む生き物です。誰でも悩むのです。「みんな悩んで大きくなった」という言葉が示す通り、悩みが人を成長させてくれるのです。悩むことを、ネガティブに捉えるのではなく、ポジティブに捉えることがとても大切なのです。

そういう意味でも、悩むことを是と定義した、姜尚中《カンサンジュン》氏の『悩む力』（集英社新書）がベストセラーになったことは革新的だったと思います。

悩む時、考える時に是非とも意識して欲しいのは、10年後、20年後の自分が人生を楽しんでいる姿です。不況だとか、年金は本当にもらえるんだろうかと、漠然と暗い未来を想像するのではなく、明るい未来のビジョンを描き、逆算して今どうすべきかを意識することが大切です。

死の瞬間、愛の蓄積量が問われる

「愛するために生き、愛されるために生きる」

これは私の座右の銘です。〝愛し愛されること〟は、人間の根源的欲求です。人間は、愛なくしては生きていけない生命体なのです。幸せや生きがいを感じるのは、周りに愛が溢れているからであり、不幸せと思うのは、絶対的な愛の量が足りないからです。

私には、ひとつのはっきりとした目標があります。それは私が死ぬ直前、妻に、

「一緒に生きてこられて、本当に幸せだった」

と、感謝の言葉を伝えることです。もちろん、その時妻が、
「私もよ、あなた。これまでありがとう」
などと言ってくれると、もっと嬉しいなと思いますし、その場に息子や娘がいてくれたら最高だと思います。これが、人間として理想的な生き方だと信じるのです。そして、そういう最期を迎えるためには、どれだけ人生の中で愛を蓄積してこられたかが、大切だと思うのです。

今、街を歩いても、雑誌を広げても、流行歌を聞いても、愛だらけです。しかし巷《ちまた》にあふれるさまざまな修飾語で彩《いろど》られた愛の、なんと軽薄なことでしょう。「愛してるよ」「うん、私も愛してる」という若いカップルたちのやりとりに、ウソがあるとまでは言いませんが、どうしても薄っぺらでちぐはぐに聞こえるのです。

私が〝AVを教科書にセックスする愚かさ〟を指摘するのは、AVは男性の射精促進のみを目的に制作された商品であって、愛の本質から逸脱した間違いだらけのセックスだからです。だから、AVでセックスを覚えた男性は女性を泣かせ、泣いている女性を目の前にしても、その原因さえわからない。

私は、巷に溢れかえる大安売りの愛が、AVを教科書にしてしまう男性たちの不幸の顚末《てんまつ》と、構造的に同じなのではないかと激しく危惧《きぐ》します。

この機会に、愛のことを真剣に、真摯《しんし》に考えてみてください。人が幸せになるための礎《いしずえ》は、考え抜くことでしか築けないのです。

「Hは汚らわしいことですか？」

男の子は2歳ともなれば、自分のオチンチンに並々ならぬ関心を持つようになります。暇さえあれば触っています。オッパイも大好きです。女の子だって、小さい頃は、お父さんや兄弟のオチンチンに興味津々です。これが本来の人間の自然体なのです。

それが大人になるにつれて、まるで臭いものにフタをするように、性やセックスについて考えることを避けるようになっていきます。

先日、私のブログに届いた女子中学生からのメールを紹介します。

「私は、中学3年生の女子です。このあいだ母に、

『お父さんとお母さんもHしたりするの？』

と尋ねたところ、すごく怒られました。

『あなたはまだ、そんなことは考えなくていいの。興味本位でそんなことを口にするなんて、汚らわしい！』

と言われました。ついでに、男ができたのかと心配されました。彼氏ができたわけでも、今すぐしたいと思ったわけでもないのに、まるで私が汚らわしい娘のように言われて、すごくすごく、ショックでした。

母が言うように、セックスは悪いことなのですか？　だったら、みんなどうしてそんなことをするのですか？　よくわかりません」

子供たちがセックスを汚らわしいこと、恥ずかしいことだと考えるようになる最大の原因は、親や教師をはじめとする周囲の大人たちにあります。その大人たちも、子供の頃に周囲の大人たちからタブー意識を植え付けられました。

自然体で性のことを質問してくる子供たちに、大人がきちんと答えられるようにならなければならないのです。できるならば、夫婦やカップルの間で、愛と性について話し合う機会を増やして欲しいと思います。

愛し合う男女はセックスをします。愛の結晶たる子供が生まれるのも、セックスをするからです。私たちは生まれた時から死ぬ時まで、性と共に生きているのです。

「ビビッときた」が長続きしないワケ

人を愛するとは、具体的にどういうことだと思いますか?

この質問に、さっと答えられる人はとても少ないのが現実です。私は、これまで色々な人に同じ質問を投げかけてきましたが、皆さん「エッ?」「あ、う〜ん」といったきり、次の言葉が続きません。それは皆さんが、人を愛することを、とてつもなく大きくて大変なことだと思い込んでいるからです。

愛することの中身は、実はとても簡単です。その答えはもう少し後にとっておくことにして、多くの人が混同している、「好き」と「愛」の違いについて説明させていただきます。愛を理解するためにとても大切な部分です。

「好き」というのは、男性と女性が互いに引き合う、引力のような感情のエネルギーです。相手の顔を思い返すだけで胸が苦しくなり、体温が上昇し、ドキドキしてしまう……。お互いを求めて磁石のようにくっつこうとするのが「好き」という感情です。プラスとマイナスの2つの原子が結合しようとしている状態をイメージしてください。

一方の「愛」は、プラスとマイナスの2つの原子が結合して、まったく新しいひとつの分子を形成することを指しているのです。「心がひとつになる」という言葉がありますが、まさにその状態です。

愛の具現化である赤ちゃんは、精子と卵子が一体化することで新しい命となり、母体に宿ります。実は、壮大な生命誕生のドラマと同じことが、愛し合う男女の魂の間でも起こっているのです。

子宮に宿った小さな小さな命は、細胞分裂を繰り返し、どんどん形を変えながらさらに成長し、およそ10カ月後にオギャーと産声をあげます。ひとつの分子が細胞分裂をして、大きく形を変えて進化していくことが〝愛を育む〟ということです。

教会で永遠の愛を誓い合ったにもかかわらず、セックスレスや離婚という残念な状況に至る夫婦は少なくありません。会った瞬間にビリビリッと電気が流れて、電撃結婚に至るという話は、芸能人でなくてもよく聞く話です。

運命を信じないわけではありませんが、ビリビリッは、強烈な「好き」のエネルギーに過ぎません。「好き」の最上級が「愛」ではないのです。そして、結婚したからと言って、愛が天から降ってくるように、自動的に「好き」が「愛」に転換されるわけでもありません。

ビリビリッを、10年後、20年後に本当に「運命だった」と確信するためには、「好き」を「愛」に転換していく決意と覚悟がなければならないのです。

愛することを習慣にする

愛するとは何か？

答えはとてもシンプルです。相手を喜ばせることです。

大きなことでなくてもいいのです。いえ、小さなことほどいいでしょう。朝起きたら、「今日もキレイだね」と優しい言葉をかけてあげる。メールが来たら、仕事の合間を見つけて返信してあげる。たまには外食に連れて行ってあげる。それくらい小さなことでも心がこもっていれば、女性は十分に喜びます。

大きなことよりも小さなことの方がいいのは、小さなことの方が長続きするからです。愛することが、日々の習慣として定着するからです。

相手を喜ばせることの習慣化は、愛することを、「愛し続けること」に進化させます。それがとても大切なのです。

互いを愛する努力をし続けることが、病めるときも、貧しきときも、死が二人を分かつそのときまで愛を育んでいける、唯一無二の方法なのです。

エネルギーは「男→女」に流れる

ビジネス本の愛読者であれば、成功者の行動パターンに数々の共通点があることに気がつくはずです。

朝早く起きる、本をたくさん読む、時間を大切にする、愚痴を言わない、他人と同じことをしない……。時代も国も人種も違うのに、成功者たちは、まるで同じ先生に教わったかのように、一定の原則や行動規範に従っています。成功には法則があるということです。

愛についても同じことが言えます。幸せな人生を送るためには〝愛の法則〟を知る必要があるのです。

愛は目に見えませんが、エネルギーの一種です。エネルギーは一定の法則に従って流れます。

もっとも基本的な愛の法則が、「愛は上から下に流れる」ということです。目上と目下、親と子、先生と生徒など、社会の中には歴然と上下関係が存在しています。その時、愛のエネルギーは、必ず上から下に流れようとするのです。

その図式がもっともわかりやすいのが、親子の愛です。親は生まれた我が子に、何の疑問もなく無償の愛を注ぎます。エネルギーは、たくましく活発に、親から子へと流れるのです。そして、一度上から下に愛のエネルギーが流れるようになると、エネルギーの循環が発生するようになります。親の愛を受け取った子供は、自然に親を愛するのです。

くれぐれも忘れないでほしいのですが、この好循環を起こすためには、まず最初に上から下へと愛を流し、愛の流れを起こすことが不可欠なのです。下から上が最初になることは絶対にありません。

夫婦の間であれば、〝夫が上で妻が下〟という関係と秩序が必要です。誤解のないように断わっておきますが、今、私が説明している愛の法則は、男女平等だとか、ジェンダー論とはまったく関係のない話です。もちろん男女はベッドの上でも平等であることこそ、幸せで気持ちいいセックスを行うために肝要です。

しかし今、行き過ぎた男女平等思想の副産物として、友達のような夫婦を目指すカップルが増えていることを私はとても危惧します。友達のように仲がいいというのは、一見バランスがとれているように思われる方もいらっしゃるかもしれません。けれども、残念ながら、愛のエネルギーは〝横には流れない〟のです。それが愛のエネルギーの性質だからです。

2人が本当に対等な位相に立っているとしたら、フワフワとした愛の感情が漂っているだけです。そのことは、愛の絆が強くならないことを意味します。うまくいっている時は良くても、何か問題が起きた時、結びつきの弱さは無慈悲に露呈するでしょう。

「愛のエネルギーは男性から女性に流れるとはいえ、女性から先に男性を好きになることもありますよね？」

と、質問を受けることがありますが、すでに述べたように「好き」と「愛」は別物です。愛とは一方通行ではなく、互いが愛し合って初めて成立するものであり、こちらがいくら思っていても相手が拒否すれば、それは愛の関係とは言えないのです。

まず男性が、「愛して愛して愛し抜く！」「どんなことがあっても君を守る！」と強く心に誓って、女性の上に立たなければいけません。男性の決意がはっきりと見えれば、女性は何のためらいもなく、すーっと自然に一段下がってくれます。たったこれだけのことで、愛に満ちた夫婦の秩序を作ることができるのです。

口では男女平等と言いながら、夫の座に胡坐《あぐら》をかき、なにか揉《も》め事があると、「女のくせに偉そうなことを言うな」「男は偉いんだ」などと言う男性は、本当の愛を知ることなく一生を終えることになるでしょう。

あとがき

人生経験を積み、新しいことを学んでいけばいくほど、世の中はすべてつながっていることに気が付きます。何をやったとしても、それが失敗であったとしても、人生に無駄はないというのは、前にも触れたように私の持論です。

しかし、無駄とわかっていることにわざわざ大切な時間を浪費することはありません。余計な無駄を省き、あなたが成功するための最短距離を進むために大切なことは、常に「幸せ」を意識することです。

今していることは、本当に幸せな未来につながっているのか？

これからしようとしていることは、自分が幸せになるために必要なことなのか？

何かに悩んだとき、何か決断しなければいけないタイミングに、常に、そう自問自答してみてください。

成功のためには、これがとても大切なことなのです。人は幸せになるために生きているのです。当たり前のことですが、幸せは自分の手でつかみ取るものです。

しかし、多くの人が、幸せになれたらいいなぁと思いながら、現状を甘受《かんじゅ》してしまっています。それは、自分が何のために生きているのかがわかっていないからです。

セックスレスになって初めて、「あれ、こんなはずじゃなかったのになぁ」と思うのも、会社に就職した後で「なんだか、やりがいが感じられない」と思うのも、〝人は幸せのために生きている〟という、言われてみれば当たり前のことが、人生の目標になっていないからなのです。

幸せになるために、あなたは仕事をしているのです。幸せになるために、あなたはセックスをするのです。幸せになるために生きているということを、もっともっと強く意識してください。

仕事でもセックスでも、自分ひとりの力では成功をつかめないと気が付いたとき、あなたは、「相手の立場に立って考える」ことの本質的な意義を改めて知るはずです。すると、それまでは曖昧で混沌として映っていた世の中のほとんどのことが、ものすごくシンプルに見えるようになります。ここに成功の秘訣があるのです。

著者略歴

アダム徳永《あだむとくなが》

名古屋芸術大学卒業後、渡米。現地の出版社に就職し、イラストレーターとして活躍する傍ら、1998年、ロサンゼルス市が発給するマッサージテクニシャンの資格を取得。人体の神秘に魅せられていく。

帰国後の1991年、『M&Wオーガズム研究所』を創設。14年の歳月と1000人以上の女性との実践的フィールドワークを経て、最高のエクスタシーが得られるアダム性理論を確立し、女性の性メカニズムに合わせたそのスタイルを〝スローセックス〟と命名。

2004年、東京・六本木に、日本初、世界にも類を見ないスローセックスを教える学校『セックススクールadam』を設立。以来、予約3カ月待ちという人気に。誤解だらけのセックスの仕方と、男女の幸せをサポートするべく、スローセックスの啓蒙に取り組む。

著書『スローセックス実践入門』『実践イラスト版スローセックス完全マニュアル』（ともに講談社）が大ベストセラーに。同著の翻訳版も、海を越えた台湾でスローセックスブームを巻き起こしている。

幻冬舎新書 131

出世する男はなぜセックスが上手いのか？

二〇〇九年七月三十日　第一刷発行

著者　アダム徳永
発行人　見城　徹
編集人　志儀保博
発行所　株式会社　幻冬舎
〒一五一-〇〇五一　東京都渋谷区千駄ヶ谷四-九-七
電話　〇三-五四一一-六二一一(編集)
　　　〇三-五四一一-六二二二(営業)
振替　〇〇一二〇-八-七六七六四三
ブックデザイン　鈴木成一デザイン室
印刷・製本所　株式会社　光邦

検印廃止

Printed in Japan　ISBN978-4-344-98131-7 C0295
あ-5-1

幻冬舎ホームページアドレス http://www.gentosha.co.jp/
*この本に関するご意見・ご感想をメールでお寄せいただく場合は、comment@gentosha.co.jp まで。

幻冬舎新書

加藤鷹
エリートセックス

日本のセックスレベルは低下する一方。そこでカリスマAV男優である著者が、女性6000人との経験から導いた快感理論を展開。〝自分で考えるセックス〟ができない現代人へのメッセージ。

藤木TDC
アダルトビデオ革命史

今やアニメと並ぶ日本の輸出文化であるAV（アダルトビデオ）。しかしその全貌は地下に潜っていて、よくわかっていない。本書は、第一人者の手によってついにまとめられたAV全史である。

鹿島茂
SとM

マルキ・ド・サドとザッヘル・マゾッホが語源である「サディスム」と「マゾヒスム」。だが、遡るとキリスト教誕生こそがSMの源流だった！　縦横無尽に欲望を比較する画期的な文明論。

団鬼六
快楽なくして何が人生

快楽の追求こそ人間の本性にかなった生き方である。だが、自分がこれまでに得た快楽は、はたして本物だったのか？　透析を拒否するSM文豪が破滅的快楽主義を通して人生の価値を問い直す！